林總經理 志宏先進惠存

感謝您對於信託的支持及

對於我個人的肯定及勉勵,拙著甫

問世,敬祈不吝指正.

後學 紹仁敬贈.

人生進入下半場

卻還在擔心自己的財務安全與理財規劃該如何布局？

信託敲敲門

叩！叩！叩！

樂齡理財，人生更精彩

李智仁 著

賴英照

　　李教授智仁的新書：「信託敲敲門」，以說故事的方式，敲開信託法的大門，引領讀者進入信託理財的堂奧。

　　信託法是一門高度專業的法律。李教授執簡馭繁，深入淺出，把複雜的法律問題，用日常的語言娓娓道來，生動有趣，不但彰顯作者對信託法的深入研究，更讓讀者容易理解信託理財的疑難問題。

　　「信託敲敲門」是一本內容豐富，淺顯易懂的好書；在即將邁入超高齡社會的台灣，尤其具有高度的實用價值，特為推薦。

本文作者為前司法院院長

推薦序 PREFACE

呂蕙容

　　我國的信託法與信託業法分別自 1996 年及 2000 年開始實施，信託制度的發展在台灣已經二十年有餘，在全體信託業者的共同努力下，信託受託財產規模大幅成長，國人對於信託也逐漸有所認識。然而，從統計數字觀察，國人使用信託的比重仍多偏向金錢信託，因此金融監督管理委員會在 2020 年 9 月 1 日發布「信託 2.0：全方位信託計畫」，希望能引導信託業提升信託服務功能，發展配合民眾生活各面向需求之全方位信託業務。

　　經過這幾年的推動與努力，我國的信託制度已逐漸從金錢信託的理財概念，發展出結合安養照護、醫療服務等功能的信託商品與服務，安養信託可結合不動產、保險與意定監護，協助高齡者活化不動產、將年金保險支付之款項直接匯入信託專戶控管，及保障

民眾經法院監護宣告後之財產安全，這是值得歡喜的事情。

面臨高齡化與少子化的趨勢，信託能夠發揮的效益極大，這也是「信託 2.0：全方位信託計畫」的重點之一。其實，自 2016 年起，金管會與信託公會便積極推動信託業辦理高齡者及身心障礙者信託業務，希望帶動信託的多元化發展，除了製作各種說明手冊外，也研擬了安養信託的契約範本，增訂信託財產給付之調整機制，委託人得預先約定得調整信託財產給付金額事項，以符民眾安養需求，並連結社會福利機構共同參與信託（例如擔任信託監察人），使許多家庭因此受惠，另為鼓勵民眾及早規劃自己老年生活財產之安排，更有信託業者推廣預開型安養信託，鼓勵對於安養信託想嘗試又怕花太多錢的民眾，可藉此提早規劃，又不致因此增加信託費用。

智仁教授是國內知名的專家學者，多年來參與政策與公共事務，受到不同部會的重視，對於信託的協

力推動更是不遺餘力。李教授著作等身，關於信託方面的研究豐富且精實，為各界所知。《信託敲敲門一樂齡理財，人生更精彩！》這本書是李教授另類的作品，透過類似故事書的方法，將生活與信託緊密融合；除此之外，在閱讀本書之後，書中的每個角色都彷彿生動地活在我們身邊，這樣的著述除了要有洗鍊的文筆外，更要有對人與對世界的情懷。

很榮幸，智仁教授邀請我為這本書作序，除了感佩智仁教授的用心，也期待這本滿載著愛心與關懷的著作，能幫助大家更認識信託並且愛用信託。如同金管會黃天牧主委所說的：「信託是最溫暖的金融服務。」希望這份溫暖，也藉由這本書傳遞給更多的朋友。

本文作者為中華民國
信託業商業同業公會秘書長

每個人都需要一本信託故事書

很高興暖暖書屋邀約了這本書，雖然不是第一次寫書，但這本書的風格與呈現方式，卻是第一次。

以往撰寫的書籍，以專業訴求為導向，得到許多專業人士的好評與反饋，非常感謝；在此同時，也有讀者告訴我，如能夠有一本大家都看得懂，同時具有趣味性和知識性的書籍，他們與這些專業知識的距離，也就會縮短許多。這讓我想起許多年前受教於恩師賴英照教授時，恩師告訴我的一句話：「如果你能夠把話說得清楚，大家就會喜歡你和你所說的內容。」原來，所謂的「清楚」不僅限於言語流暢或字正腔圓的追求，更重要的是能讓不同的受眾了解我們所說的，從願意聆聽到願意認同，這樣的「轉譯」過程真的很重要。

在資訊越來越發達的年代，我想，人們缺乏的不

再只是資訊，而是「了解」。人與人之間需要了解，人對於新事物也需要了解，因為唯有了解，才能帶來改變。只要願意改變，很多困難都能迎刃而解。

　　愛，就是在別人的需要裡，看到自己的責任。《信託敲敲門》希望透過淺白的表達方式，把信託這個重要觀念與制度，傳遞給所有讀者。希望在閱讀與了解的過程中，您能看見故事人物的生命故事，也同時看見自己的。這些故事點滴，是我在生活中的觀察累積而成，期待這本書也能成為大家喜愛的信託故事書。

　　感謝恩師賴英照教授與信託公會呂蕙容秘書長為本書賜序，感謝好友林振煌主編及暖暖書屋的專業團隊，讓這本書能夠問世，希望大家在閱讀的同時，心中也是暖暖的。

李智仁　2022 年仲夏

CONTENTS 目次

1

— CHAPTER —

樂齡人生
從了解開始

　　王媽媽、陳媽媽、張媽媽和吳媽媽是樂齡大學的同學，分別來自不同的家庭與工作背景，因為彼此興趣相近，且都擁有高度的學習熱忱，所以四個人變成無話不談的好朋友，也經常利用閒暇時間出來聚會談心。

　　這一天，四位媽媽又來到一家咖啡廳喝下午茶，幾句寒暄之後，王媽媽突然話鋒一轉，面帶愁容地說道：「最近不知道是怎麼了，總覺得內心有些不踏實，好像在害怕擔心一些事情，可卻又說不上來是什麼事。」

　　話剛說完，其他三位同時轉頭望向王媽媽，然後又看看彼此，忽然間大家都沉默了，彷彿她們也都曾經有過這種感覺。

您有時候也有這種感覺嗎？

　　看到這個情況，陳媽媽率先開口打破這令人窒息的寂靜，她是這四位媽媽當中年紀最輕的，也是最心直口快的。她說：「大姐您不要怕，您有我們這幾個姐妹淘，沒甚麼好怕的！」王媽媽聽了只有笑一笑，卻又把頭低了下來。

　　張媽媽與王媽媽認識的時間最久，她跟著說：「大姐是擔心錢的問題嗎？雖然妳已經退休了，但公司給的退休金還有平時的積蓄算一算應該還夠用，不是嗎？」王媽媽也是笑而不答。

　　吳媽媽平時話最少，卻是當中最細心的一個，她說：「可能大姐擔心的事情比較多，只是藏在心裡沒有說出來而已。金錢或許是其中的一部分，其他可能還包括了自己的身體狀況以及對未來的不確定性吧！」

　　聽到這裡，王媽媽終於點了點頭，勉強擠出一點笑容，但眼眶裡卻泛著淚光。

王媽媽的心事，也是您的心事嗎？

　　資訊越來越發達的年代，我們缺乏的不再只是資訊，而是「了解」。

　　人與人之間需要了解，人對於新事物也需要了解，因為唯有了解，才能帶來改變。

　　只要願意改變，很多困難都能迎刃而解。

樂齡人生需要規劃

　　根據世界衛生組織的定義，65 歲以上老年人口占總人口比率達到 7％時稱為「高齡化社會」，達到 14％是「高齡社會」，達到 20％稱為「超高齡社會」。內政部於 2018 年宣告台灣正式邁入高齡社會，而國發會預估我國將於 2025 年成為超高齡社會，僅 7 年時間，預估較歐美國家和日本為快，與韓國（8 年）、新加坡（7 年）等國之預估時程相當。

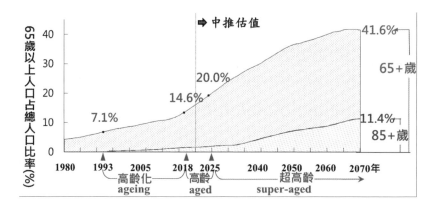

資料來源：
1980 年至 2019 年為內政部「中華民國人口統計年刊」
2020 年至 2070 年為國家發展委員會「中華民國人口推估（2020 至 2070 年）」

我們都會變老，既然是不能避免的未來，那就必須做好準備。

　　王媽媽喝了一口茶，說道：「再過幾天我就 75 歲了，身體看起來好像還可以，其實小毛病不少。不過，最讓我擔心的是我那三個兒子，他們幾個兄弟之間的感情一直都不好，平日裡也鮮少往來，只是礙於我們倆老的面子，不敢做的太明顯，但自從幾年前我先生過世之後，這種情形似乎變得更加嚴重了。我常在想，如果哪一天我走了，兄弟之間說不定會為了爭奪家產而吵了起來。而且，我最近開始覺得記憶力有點衰退，很多過往所發生的事情也開始出現混亂模糊的現象，我甚至懷疑我是不是得了失智症啊？」

　　「撇開我那三個不爭氣的兒子，反倒是我的外甥女經常來家裡陪我，讓我感到既窩心又溫

暖。」話說完，王媽媽低頭啜了一口茶，悄悄的從皮包裡掏出一條手帕輕輕擦拭眼角滴下的淚水。

一旁的張媽媽在聽完王媽媽的故事後，緩緩地從背包裡拿出一本筆記本，隨手翻了翻，然後指著其中一頁的內容對著王媽媽說：「姐姐，上禮拜四妳好像因為家裡有事沒來上課，剛好那天老師有提到類似的內容，我順手寫了一些東西，或許對妳現在的情況有些幫助，您可以稍微參考一下。」

◎ 樂齡長者不要忌諱寫遺囑，因為可以避免後續的紛爭。

◎ 寫遺囑難不難？不難！但是要符合格式，否則會無效喔！

◎ 遺囑分成自書遺囑、公證遺囑、密封遺囑、代筆遺囑與口授遺囑五種。

◎ 如果在繼承人以外有想要將財產無償給予的對象，可以在遺囑中指定「遺贈」對象與內容。

◎ 為了避免失智後無法處理事務，現在法律已經有「意定監護」的制度，可以自己選任監護人，比較符合自己的想法。

樂齡規劃一：遺囑與繼承

依民法的規定，遺囑的訂立方式有五種：一、自書遺囑。二、公證遺囑。三、密封遺囑。四、代筆遺囑。五、口授遺囑。

每一種遺囑都必須符合法定要件，才能產生遺囑的效力，而且除了這五種方式外，不能自行創設。設定遺囑的方式，可以參考以下表格：

遺囑種類	自書遺囑	公證遺囑	密封遺囑	代筆遺囑	口授遺囑
適用法條	民法第1190條	民法第1191條	民法第1192條	民法第1194條	民法第1195條
書寫人	立遺囑人	公證人	立遺囑人或其他人	見證人代筆	見證人代筆或錄音封存

遺囑種類	自書遺囑	公證遺囑	密封遺囑	代筆遺囑	口授遺囑
簽名	立遺囑人親自簽名	由立遺囑人、公證人及見證人同行簽名。（若立遺囑人不能簽名，須由公證人記明事由，並按指印代之）	立遺囑人或其他人寫完後在遺囑及封縫處簽名，完成後再由公證人在封面註記，並由公證人、立遺囑人、執行人一同簽名。	由立遺囑人及全體見證人同行簽名。（若立遺囑人不能簽名，可按指印代之）	代筆人與其他見證人同行簽名
文字塗改	若有增減或塗改，須註明增減、塗改的地方及字數，並在旁簽名。				
見證人	可以有見證人	依法必須指定二人以上的見證人	依法必須指定二人以上的見證人	必須指定三人以上的見證人	應指定二人以上的見證人
公證人	可自由選擇公證與否	依法必須由公證人公證	依法必須由公證人公證	可自由選擇公證與否	無法公證

遺囑種類	自書遺囑	公證遺囑	密封遺囑	代筆遺囑	口授遺囑
公證程序	可以不用	須經公證	須經公證	無	無
費用	無	按公證標的之金額或價額收取，最少 1,000 元。	1,000 元	無	無
優點	最方便	具公證效力，較無爭議。	同時具有公證人證明，又能確保遺囑內容的秘密性。	可顧及到無法寫字或不識字的人。	可於緊急情況時使用。

　　另外，考量社會發展的實際需求，法務部在
2019 年 2 月 13 日法律字第 10803501680 號函中明
文：「民法代筆遺囑規定重在透過代筆見證人將遺囑
人之遺囑意旨以文字予以表明，至公證遺囑所重者應
為公證人對於遺囑法律關係專業，從而民法有關公證

遺囑及代筆遺囑規定中所稱『筆記』，解釋上均可以電腦打字或自動化機器製作。」，在適用上也必須注意。

至於遺囑要寫些什麼內容，並沒有明文規定，但因為遺囑也是個人對於身後事務處理的重要意思表示，因此也不能沒有重點。一般常見的遺囑內容，會包含以下的內容：**1.私人遺物的處理、2.遺贈對象（如果有的話）與無償給予的內容、3.後事或喪葬事宜的辦理方式、4.遺產分配方式、5.保險受益人之指定與否或變更、6.財產是否設定信託**等，不一而足，有時候也會在遺囑中記述遺言或對於後代子孫的心願與期許。

什麼是遺贈？有一種「死因贈與」和遺贈是不是同一件事？

　　有些贈與是被繼承人在生前所為的，稱為生前贈與；但也有財產給付是在被繼承人身故後的，例如遺贈。所謂遺贈，是立遺囑人也就是被繼承人以遺囑表示將財產權無償讓與受遺贈人的行為，法律性質上屬於單獨行為（也就是不需要得到受遺贈人的應允便已經成立）。

　　遺贈與死因贈與不一樣，因為：

1. 遺贈是單獨行為（由遺贈人單獨為之即可），死因贈與則是契約行為（雙方須意思表示一致）；

2. 遺贈必須以遺囑為之，死因贈與則是以口頭約定或書面成立贈與契約皆可；

3. 遺贈必須滿 16 歲（因為滿 16 歲才能立
遺囑），死因贈與須具有完全行為能力
（限制行為能力人須法定代理人同意）。

此外，依民法第 1147 條的規定，繼承因被繼承
人死亡而開始。繼承開始後，原則上繼承人必須承受
被繼承人財產上的一切權利、義務（但權利、義務專
屬於被繼承人本身者，不在此限（民法第 1148 條第
1 項））。但是，考量社會上常見被繼承人留下大筆債
務導致對繼承人造成不利，因此民法中也設有「限定
繼承」與「拋棄繼承」的制度，甚至在 2009 年 6 月
時民法更將繼承制度修正以「繼承人負限定責任」為
原則；也因此，繼承人對於被繼承人的債務，以因繼
承所得遺產為限負清償責任即可。

為使繼承順利進行，遺產繼承人如何認定以及遺
產如何分配，也是繼承過程中必須審慎處理的重點。

依民法第 1138 條的規定，遺產繼承人，除配偶外，依下列順序定之：

一、直系血親卑親屬。

二、父母。

三、兄弟姐妹。

四、祖父母。

也就是說，配偶如果在被繼承人死亡時仍生存，配偶是法定且當然的繼承人，具有和各順位繼承人一起繼承遺產的權利。

當所有的債權債務以及身後贈與都處理完畢後，便可進行遺產的分割。如果立遺囑人也就是被繼承人沒有在遺囑中指定遺產的分配方式，則必須依法定的方式進行。民法第 1144 條明文規定，配偶有相互繼承遺產之權，其應繼分依下列各款定之，對於應繼分的規定，相當清楚。

一、與第一千一百三十八條所定第一順序之繼承人同
　　為繼承時，其應繼分與他繼承人平均。

二、與第一千一百三十八條所定第二順序或第三順序
　　之繼承人同為繼承時，其應繼分為遺產二分之
　　一。

三、與第一千一百三十八條所定第四順序之繼承人同
　　為繼承時，其應繼分為遺產三分之二。

四、無第一千一百三十八條所定第一順序至第四順序
　　之繼承人時，其應繼分為遺產全部。」

如果立遺囑人指定遺產的分割方式侵害了繼承人的權益，怎麼辦？

　　遺產分配這件事，如何在尊重「被繼承人的財產自主權」以及「繼承人應享有繼承利益」之間取得平衡，並不容易。但是法律為使繼承人能享有最低限度的保障，同時也不侵害被繼承人自由處分財產的權利，因此設有「特留分」制度。這樣的想法表現在民法第 1187 條規定中，也就是遺囑人在不違反關於特留分之範圍內，得以遺囑自由處分遺產。

　　關於特留分的計算方式，民法第 1223 條設有規定：「繼承人之特留分，依下列各款之規定：一、直系血親卑親屬之特留分，為其應繼分二分之一。二、父母之特留分，為其應繼分二分之一。三、配偶之特留分，為其應繼分二

分之一。四、兄弟姐妹之特留分，為其應繼分三分之一。五、祖父母之特留分，為其應繼分三分之一。」，同時，民法第 1124 條也特別規定，特留分，由依第 1173 條（生前特種贈與規定）算定的應繼財產中，除去債務額算定之。

　　如果上面的規定太複雜難以理解，可看看下面的表格，並搭配民法第 1144 條關於應繼分之規定，對於應繼財產的分配，可綜合理解如下：

應繼分（配偶）	應繼分（其他繼承人）	特留分
配偶與直系血親卑親屬均分		應繼分的 1/2
配偶 1/2	父母 1/2	應繼分的 1/2
配偶 1/2	兄弟姐妹 1/2	應繼分的 1/3
配偶 2/3	祖父母 1/3	應繼分的 1/3

您知道嗎？

　　實務上常見到許多人縱使有萬貫家財，但是因為不懂得妥善規劃，最終也面臨家道中衰；此外，有些個案是被繼承人留下上億的資產，卻因為繼承人繳不出上千萬元的遺產稅，最後令人扼腕。其實從中壯年開始，就應該定期盤點自己與配偶的資產，並試算可能的稅負情形，提早思考與規劃財產分配與節稅事宜，並且預留未來繳納遺產稅的稅源。

　　預留稅源，是高齡長者可以和未來的繼承人一起討論的問題。實務上常見的方式，是透過預留現金或透過保險規劃方式預留稅源。此外，2015 年起，金管會宣布具有「身故、全殘及滿期保險金」壽險保單可改採「分期給付」方式領取保費，至於原有舊保單的民眾則可以透過批註方式，改為分期給付。因此，購買人壽保單後可選擇分期給付，就不必擔心繼承人領完保險金可能因缺乏規劃而揮霍一空，失去傳承的

意義。

除此之外，也可以使用信託的方式，在信託契約中明確約定遺產稅與身後事務所需費用之支付，給付後的剩餘金額用以照顧後代。這種信託契約屬於客製化契約，日本近年來推出的「遺囑代用信託」便有此項功能。

樂齡規劃二：意定監護

正當王媽媽認真的看著筆記時，一旁的吳媽媽忽然開口說：「我覺得我更需要意定監護唷！但是這種意定監護要如何設立？何時才會生效？如果我覺得不妥時，有沒有可能提出終止或撤銷？」原來這位吳媽媽是一位金融界的女強人，事業發展非常成功，但退休後沒幾年，先生與唯一的兒子因為一場意外不幸離

世，偌大的家裡只剩下她一個人獨自居住，幸好她生性樂觀，個性活潑，再加上時常有一些知心的朋友來陪伴她，日子倒也過得多采多姿，愜意許多。

吳媽媽的問題，
應該也是您的問題吧？

　　依民法的規定，對於因精神障礙或其他心智缺陷，致不能為意思表示或受意思表示，或不能辨識其意思表示效果的人，法院得因本人、配偶、四親等內之親屬、最近一年有同居事實之其他親屬、檢察官、主管機關、社會福利機構、輔助人、意定監護受任人或其他利害關係人之聲請，為監護之宣告，受監護宣

告之人，無行為能力（民法第 14 條第 1 項及第 15
條參看）。此外，對於因精神障礙或其他心智缺陷，
致其為意思表示或受意思表示，或辨識其意思表示效
果之能力，顯有不足者，法院得因本人、配偶、四親
等內之親屬、最近一年有同居事實之其他親屬、檢察
官、主管機關或社會福利機構之聲請，為輔助之宣告
（民法第 15 條之 1 第 1 項）。以往法律中有禁治產宣
告制度，現在已經由監護宣告及輔助宣告取代。

　　至於所謂的「意定監護」制度，是在 2019 年修
法時增訂，之所以希望引進此項制度，主要是基於對
於本人意思自主權的尊重，也是民法關於當事人意思
自主原則的落實，透過此項制度由自己決定何人擔任
監護人並執行相關職務，與目前運作中的法院職權選
定制度併行且優先適用。

意定監護與法定監護並不牴
觸，是否適用依個人自由決定

意定監護契約的成立與生效

意定監護屬於契約關係，依民法第 1113 條之 2
的規定：「意定監護者，謂本人與受任人約定，於本
人受監護宣告時，受任人允為擔任監護人之契約。（第
一項）前項受任人得為一人或數人；其為數人者，除
約定為分別執行職務外，應共同執行職務。（第二
項）」

意定監護受任人要協助處理的事務不少，因此法
律中也規定可透過數人約定分別執行職務的方式，達
成監護目的。此外，意定監護契約之訂立或變更，應
由公證人作成公證書始為成立。公證人作成公證書後
七日內，以書面通知本人住所地之法院，且此項公證
應有本人及受任人在場，向公證人表明其合意，始得

為之；然而，契約訂立時，本人尚未受到監護宣告，因此，意定監護契約於本人受監護宣告時，才會發生效力（民法第 1113 條之 3 參看）。簡單來說，意定契約的成立與生效的時點不同，必須留意。

❹ 意定監護制度優先原則

為尊重本人的意思自主決定權，法院要進行監護宣告時，如果受監護宣告人事先已經訂有意定監護契約，便應以意定監護契約所定之受任人為監護人，同時指定會同開具財產清冊之人（民法第 1113 條之 4 第 1 項）。除此之外，意定監護的優先性也表現在財產的處分方面，依民法第 1113 條之 9 的規定，意定監護契約約定受任人執行監護職務不受第 1101 條第 2 項及第 3 項規定（亦即代理受監護人進行重大財產處置或投資行為）限制者，從其約定，也同時尊重本人締約時之意思決定。

● 意定監護的撤回、終止與受任人辭任

由於意定監護契約的成立與生效時點不同，因此在法院為監護宣告前，意定監護契約的本人或受任人得隨時撤回之。而意定監護契約的撤回，必須以書面先向他方為之，並由公證人作成公證書後，才會發生撤回的效力。

公證人作成公證書後七日內，也必須以書面通知本人住所地之法院。契約經一部撤回者，視為全部撤回（民法第 1113 條之 5 第 1 項及第 2 項），這是考量意思自由原則的落實。除此之外，民法第 1113 條之 8 規定：「前後意定監護契約有相牴觸者，視為本人撤回前意定監護契約。」則是基於法律規定之法定撤回事由。除了撤回以外，法院為監護宣告後，本人有正當理由者，得聲請法院許可終止意定監護契約。受任人有正當理由者，得聲請法院許可辭任其職務（民法第 1113 條之 5 第 3 項及第 4 項）。

　　綜合上述，不難發現，意定監護與成年監護之間的規範有所差異，整體比較如下表：

比較項目	法定監護制度	意定監護制度
監護人之選任	本人因精神障礙或其他心智缺陷，致不能為意思表示或受意思表示，或不能辨識其意思表示之效果者，由聲請權人向法院聲請選任	於本人意思健全時，由本人與受任人約定，於本人受監護宣告時，由受任人擔任監護人
監護人資格	限於一定範圍內之人	不限於一定範圍內之人
監護人執行職務範圍	法院依職權指定	依意定監護契約所訂
監護人報酬	監護人得請求報酬，數額由法院酌定	意定監護契約中得約定報酬或約定不給付報酬，未約定者，監護人得請求法院酌定
監護人處分財產之限制	非為受監護人之利益，不得使用、代為或同意處分；若有重大財產相關行為，需經法院許可	非為受監護人之利益，不得使用、代為或同意處分；但重大財產相關行為，得以契約約定，毋須法院許可

法務部意定監護契約

意定監護契約參考範本

立契約書人_____（委任人，以下簡稱甲方）委託□受任人 1_____、□受任人 2_____、□受任人 3_____、…（以下簡稱乙方，依實際個案情形填載）同意依本契約條款履行並簽訂條款如下：

第一條｜契約本旨

甲、乙雙方依民法「成年人之意定監護」及相關規定，由甲方委任乙方於甲方受監護宣告時擔任其監護人，處理有關甲方之生活、護養療治及財產管理事務。

第二條｜契約之成立與生效

（一）本契約之訂立或變更，應由公證人作成公證書始為成立。（二）本契約於甲方受監護宣告時，發生

效力。

第三條 | 委任事務之範圍

本契約委任事務之參考範圍如下：

（一）有關生活管理事項：照護安排甲方之生活，例如生活必需費用之取得、物品採購及日常生活有關事項；協助繳納相關生活照顧費用及其他稅費等。

（二）有關醫療契約、住院契約、看護契約、福利服務利用契約及照顧機構入住契約等事項。

（三）保管與財產相關之證件、資料及物品。

（四）申請及領取甲方各項退休金、保險給付、津貼、補助，及辦理各項福利身分資格之取得與變更等事項。

（五）開具財產清冊：開具甲方財產清冊，分別詳列現金存款、動產、不動產、有價證券、其他財產權等清單。

（六）有關財產管理事項：

1. 乙方應以善良管理人之注意義務，管理甲方之財產並予以記帳。

2. 甲方死亡時將甲方之遺產交還於其繼承人。

（七）繼承事宜甲方為繼承人時處理甲方之繼承事宜，包含為繼承登記程序、拋棄繼承權、遺產分割、以及行使受遺贈權、繼承回復請求權、行使扣減權之辦理等事項。

（八）處理甲方行政救濟、訴訟、非訟或訴訟外紛爭解決事宜等。

（九）若甲方受監護宣告之原因消滅，應向法院聲請撤銷宣告。

（十）執行民法或其他法令所定監護人之相關職務。

（十一）其他約定事項：＿＿＿＿＿＿＿。（例

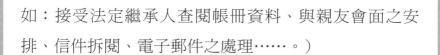

如：接受法定繼承人查閱帳冊資料、與親友會面之安排、信件拆閱、電子郵件之處理⋯⋯。）

第四條｜受任人執行職務

乙方於執行委任事務應基於甲方之最佳利益為之。有關執行甲方之生活、護養療治及財產管理之職務時，如甲方得以語言或其他方式表達意願時，應尊重其意思；如甲方不能或無法表達意願時，則依委任之意旨，綜合考量其身心與生活狀況為之。

第五條｜費用之負擔

乙方因處理本件甲方之監護事務而負擔必要之費用，由甲方之財產負擔。

第六條｜契約之解除與終止

（一）於甲方受監護宣告前，甲方或乙方得隨時以書面先向他方撤回本契約，並由公證人作成公證書。

（二）於甲方受監護宣告後，甲方有正當理由時，得聲請法院許可終止本契約；乙方有正當理由時，得聲請法院許可辭任其職務。

第七條│受任人為數人之執行職務範圍

□共同執行職務。

□分別執行職務，執行職務之範圍分別如下：

受任人 1＿＿＿＿＿＿＿＿＿＿（例如生活管理、護養療治事項）、

受任人 2＿＿＿＿＿＿＿＿＿＿（例如財產管理事項）。

□分別共同執行職務，執行職務之範圍分別如下：

・受任人 1＿＿＿＿＿＿＿＿、受任人 2＿＿＿＿＿＿＿＿＿＿……共同執行＿＿＿＿＿＿＿＿。（例如生活管理、護養療治事項）

・受任人 3＿＿＿＿＿＿＿＿、受任人 4＿＿＿＿＿＿＿＿＿＿……共同執行＿＿＿＿＿＿＿＿。（例如財產管理事項）

……依序類推。

□其他約定執行範圍。

第八條｜會同開具財產清冊之人

□甲方指定會同開具財產清冊之人：＿＿＿＿＿＿＿＿＿

國民身分證統一編號（護照號碼、其他證號）：＿＿＿

＿＿＿＿＿＿＿＿＿＿＿＿＿＿＿＿＿＿＿＿＿＿＿＿＿

地址：＿＿＿＿＿＿＿＿＿＿＿＿＿＿＿＿＿＿＿＿＿＿

電話：＿＿＿＿＿＿＿＿＿＿＿＿＿＿＿＿＿＿＿＿＿＿

□由法院依職權指定。

第九條｜報酬

　　本契約雙方同意乙方之報酬如下：

□甲方於本契約生效後，就乙方處理有關監護事務之報
酬金額及給付方式為＿＿＿＿＿＿＿，乙方得自甲方之財產
中受領之。

□不給付報酬。

□由乙方請求法院酌定。

第十條 ｜ 處分財產是否受限制

☐甲方同意乙方為下列行為，不須經法院許可：

☐代理甲方購置或處分不動產。

☐代理甲方，就供其居住之建築物或其基地出租、供他人使用或終止租賃。

☐乙方為下列行為，須經法院許可：

　1. 代理甲方購置或處分不動產。

　2. 代理甲方，就供其居住之建築物或其基地出租、供他人使用或終止租賃。

☐甲方同意乙方得以甲方之財產為投資。

☐其他處分財產限制：＿＿＿＿＿＿＿＿＿＿＿＿＿。

第十一條 ｜ 契約之留存

　　本契約正本一式 ＿＿＿＿份，於訂立後由立契約書人各執一份為憑，一份留存於法院公證處或民間公證人事務所。

立契約書人

甲方：

　國民身分證統一編號：＿＿＿＿＿＿＿＿＿＿＿＿＿

　地址：＿＿＿＿＿＿＿＿＿＿＿＿＿＿＿＿＿＿＿＿＿

　電話：＿＿＿＿＿＿＿＿＿＿＿＿＿＿＿＿＿＿＿＿＿

乙方：

　受任人 1（自然人或機構、法人、團體名稱及其代表人）：

　＿＿＿＿＿＿＿＿＿＿＿＿＿＿＿＿＿＿＿＿＿＿＿＿＿

　國民身分證統一編號（護照號碼、其他證號）：＿＿＿＿

　＿＿＿＿＿＿＿＿＿＿＿＿＿＿＿＿＿＿＿＿＿＿＿＿＿

　地址（事務所或營業所地址）：＿＿＿＿＿＿＿＿＿＿＿

　電話：＿＿＿＿＿＿＿＿＿＿＿＿＿＿＿＿＿＿＿＿＿

　受任人 2（自然人或機構、法人、團體名稱及其代表人）：

　＿＿＿＿＿＿＿＿＿＿＿＿＿＿＿＿＿＿＿＿＿＿＿＿＿

　國民身分證統一編號（護照號碼、其他證號）：＿＿＿＿

　＿＿＿＿＿＿＿＿＿＿＿＿＿＿＿＿＿＿＿＿＿＿＿＿＿

地址（事務所或營業所地址）：＿＿＿＿＿＿＿＿＿＿＿

電話：＿＿＿＿＿＿＿＿＿＿＿＿＿＿＿＿＿＿＿＿＿

受任人 3（自然人或機構、法人、團體名稱及其代表人）：

＿＿＿＿＿＿＿＿＿＿＿＿＿＿＿＿＿＿＿＿＿＿＿＿＿

國民身分證統一編號（護照號碼、其他證號）：＿＿＿＿

＿＿＿＿＿＿＿＿＿＿＿＿＿＿＿＿＿＿＿＿＿＿＿＿＿

地址（事務所或營業所地址）：＿＿＿＿＿＿＿＿＿＿＿

電話：＿＿＿＿＿＿＿＿＿＿＿＿＿＿＿＿＿＿＿＿＿

中華民國　　　年　　　月　　　日

樂齡規劃三：資產配置

　　午後的陽光，溫暖地灑在落地窗前，大家一邊啜著咖啡，享受陽光帶來的舒適，一邊安排自己的身後事，坦然面對自己的未來，寧靜中綻放燦笑。

　　陳媽媽是他們四位當中唯一還沒退休的，她看到大家都已經在規劃自己的未來，連忙從背包中拿出幾份資料，對著吳媽媽問說：「吳姐，我在一些雜誌媒體上看到有關世界經濟合作暨發展組織（OECD）發表的幾篇報導，他們認為退休最適所得替代率至少要維持退休前薪資 70%的水準，才能有較佳的生活品質，也就是說，如果月薪 5 萬元的上班族，至少要準備每月 3.5 萬元退休金；如果進一步規劃在 60 歲

退休，以國人平均餘命 24.5 年計算，退休金至少要準備 1,029 萬元才能安心退休，若提早退休，退休金缺口更可能達 1,500 萬元，是不是這樣呀？」

「啊，妳說的這些個報導我好像也有看到耶！他們說的沒錯，這些數據也的確有值得參考的價值，我們確實要為退休以後的生活提早做準備了。」話說完，吳媽媽將盤子裡的最後一口蛋糕吃完，接著喝了一口咖啡，抬起頭笑著對陳媽媽說：「妹子啊，不錯唷，妳什麼時候也開始重視這些資訊了，既然這樣，那妳也一定聽過標準普爾家庭資產配置象限圖或退休資產配置的 100 法則吧！」陳媽媽得意地笑了笑：「那是當然的囉！」聽到這裡，原本還在繼續討論筆記重點的王媽媽與張媽媽同時望向她們兩

個，滿臉疑惑地說：「妳們兩個可以說中文嗎？」

吳媽媽笑著說：「我們剛才說的標準普爾家庭資產象限圖，是把一個家庭或個人的全部資產分配到四個帳戶（象限）——要命的錢（10％）、保命的錢（20％）、生錢的錢（30％）和保本的錢（40％）。這四個帳戶的作用各不相同，所以投資管道也不太一樣，但都是為了確保資產能夠長期且穩定的增長。」她一邊說，一邊在紙上畫起了圖。

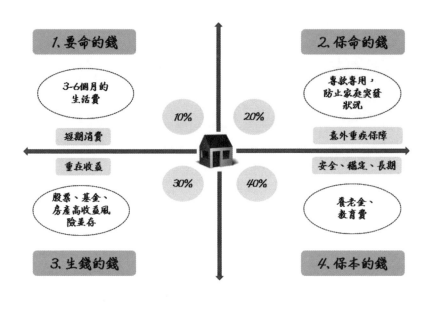

　　「嗯，聽說還有一個叫甚麼 100 法則的，那是什麼東西啊？」好學的張媽媽急著問。

　　吳媽媽點點頭說：「沒錯，您說的是退休資產配置 100 法則，這種也經常被用來作退休理財的規畫，妳們也可以參考看看。簡單來說，就是用 100 減去年齡，等於配置風險性資產的

最高比例，例如今年 30 歲，距離退休還有一段時間，風險承受能力也比較高，可配置大概 70％在風險性資產，積極獲取投資收益，30％則配置在低風險資產，目的在穩健累積財富；如果 40 歲的時候，風險性資產就可以考慮降到 60％，以此類推就可以了。很簡單吧！」

退休資產配置法則	21-40 歲	41-50 歲	51-70 歲
風險承擔能力	高	中	低
風險性資產比例	60-80％	50-60％	30-50％
建議投資工具	信託、股票	房產、股票	房產、債券、現金

人生的變數不少，資金的掌握以及健康的時限，都有可能出乎我們的意料之外。年輕時，能夠承受風險的能力比較大，但是步入高齡後，就必須穩健而行。

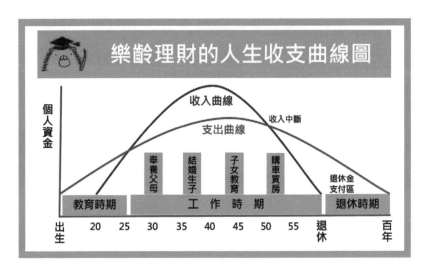

人生的收支曲線可以大致上畫出來，但是可能因人而異，因此及早準備與規劃，絕對是正確的方向。吳媽媽提到的二種方法，可以作為參考；近年來，因為高齡化社會到來，因此主管機關金融監督管理委員會也將「發展高齡化金融商品與服務」作為政策目標

之一，值得關注。

　　為滿足高齡化社會之金融需求，並針對高齡化社會所衍生之各項老年經濟安全議題，包括因退休後之安養費用、疾病或意外導致之長期看護等需求，金管會除辦理法規鬆綁外，並積極鼓勵金融機構創新研發相關金融商品與服務，例如：

❶ 商業型逆向抵押貸款：

　　由年長者提供自己既有之不動產設定抵押權予銀行，銀行每月平均撥付本金，作為老年生活保障之補充性措施，以安定年長者生活。目前已有多家銀行開辦。為方便民眾瞭解及獲取相關資訊,金管會銀行局已於官網設置「商業型以房養老貸款」專區,提供相關業務概況及統計資料,並可連結到中華民國銀行商業同業公會全國聯合會「商業型以房養老貸款資訊」,以取得目前各銀行辦理該項業務之相關訊息。

● 開發符合退休理財需求之基金商品：

持續鼓勵投信業者開發提供符合高齡化社會需求、適合退休理財規劃之基金商品，並辦理退休理財教育。前述基金商品包括但不限於目標日期基金（Target Date Fund）等，以供作為規劃退休投資工具之選擇。

● 推動國人退休準備平台：

為持續推廣國人退休理財觀念，促進國人落實執行退休理財活動，金管會請集保公司規劃結合退休投資與促進公益之「退休準備平台」，該平台 110 年 9 月 23 日於基富通證券股份有限公司之網站上線，平台內容包括：

退休（保險）教育及缺口試算：教導國人認識退休（保險）風險有哪些，及提供試算退休金（保險保障）缺口之工具。

嚴選基金及下單導引：由專家於遴選適合退休投

資之基金，提供優惠費用（如免手續費及低經理費等）之定期定額投資，讓全體國人均能以小額資金參與投資。

業者提撥經費參與社會公益：例如提供老人照護、急難求助等社會協助，促進優質友善的退休環境。

設置各家保險公司專屬網域之連結（單一入口），國人點選後可連結至各家保險公司保障型保險商品之專屬網頁，提供國人基本保障之保險商品。

ⓐ 推動小額終老保險：

金管會於 105 年 12 月 28 日發布訂定小額終老保險相關規範，鼓勵壽險業者開發設計及推廣小額終老保險商品，保障包括傳統型終身人壽保險保額新臺幣（下同）30 萬元及一年期傷害保險附約保額 2 萬元，並就承保被保險人投保年齡達 55 歲以上績效優良者，除公開表揚外，另提供相關監理誘因，以因應

高齡人口結構，補強社會安全網，滿足高齡者基本保險保障需求。為提高國人保險保障額度及增加消費者投保規劃彈性，金管會 108 年 3 月 27 日發布修正小額終老保險相關規範，將前開傳統型終身人壽保險主契約保額上限由 30 萬元提高至 50 萬元，一年期傷害保險附約保額上限由 2 萬元提高至 10 萬元，及修正放寬繳費期間限制為 6 年以上，並自 108 年 7 月 1 日起實施。為提高國人保險保障額度，金管會 110 年 2 月 23 日發布修正小額終老保險相關規範，將前開傳統型終身人壽保險主契約保額上限由 50 萬元提高至 70 萬元，有效契約數由二組放寬為三件，並自 110 年 7 月 1 日起實施。

❸ 推動年金保險：

為因應高齡化社會趨勢，推廣團體商業年金保險，並鼓勵民眾透過年金保險，保障老年經濟安全，金管會業核定「團體年金保險單示範條款-利率變動型」及修正發布「人身保險商品審查應注意事項」第

94 點，並備查修正「利率變動型年金保險精算實務處理準則」，俾利業者開發設計年金保險商品。

◎ 推動長期照顧保險：

為配合衛生福利部長期照護政策，金管會積極規劃與衛生署建立資訊溝通平台，並核定「長期照顧保險單示範條款」，俾利業者開發設計長期照顧保險商品。

◎ 提供監理誘因以鼓勵保險業者加強推廣：

為鼓勵保險業積極推廣高齡化保險商品，對於推動績效優良業者，得享有核准制商品改以備查方式送審等獎勵，推動績效優良者可享有較低安定基金差別提撥率、提高國外投資額度。

除此之外，金管會也推動「高齡者安養信託」與「信託 2.0：全方位信託計畫」，高齡者或其親屬可以交付金錢（含保險金）、有價證券或不動產等財產，向信託業者辦理信託，信託目的包括老年安養之財產

管理、安養照護、醫療給付等項目。此外，「信託2.0：全方位信託計畫」在 2020 年 9 月 1 日發布，鼓勵業者積極發展符合民眾生活各面向需求之全方位信託服務，透過與其他金融商品之整合，及結合都市更新及利用公有閒置土地，以打造友善住宅，推動在地安老；結合以房養老及保險給付等成立安養信託，以協助資產管理，確保經濟安全；透過跨業合作結盟，提供客戶一站式購足服務；並可結合證券化工具，以發展多元市場。

　　四位媽媽就這樣你一言、我一語，都沒人發覺太陽已經下山了。此時，張媽媽的皮包裡響起了一陣音樂，她連忙打開一看，原來是她設定的手機鬧鐘時間到了，「啊，不好意思，我有事必須先走了，等等我要去聽一場很重要的演講。」其他三人聽到張媽媽要去聽演講，不禁感到好奇，紛紛問說：「是甚麼重要的演講呀，

主題是在講些什麼？」張媽媽回答說：「這是一場有關金融老年學與信託的演講，聽說非常熱門，而且名額有限，我好不容易才報名成功，所以一定要趕快去搶位子唷！」只見她邊說邊收拾東西，提著包包就往門邊走去。其他三位看著張媽媽匆匆離去的背影，同時起身追了出去，「等等我們啊，現場還可以報名嗎，我們也要去！」

您知道嗎？

　　所謂的「金融老年學」（Financial Gerontology）是取自社會老年學（Social Gerontology）的精神，將相關概念套用在金融領域中。這項理論的基調在考量近年來部分提供金融商品或服務的專業人士，只著眼於金融商品或服務本質上的專研或交易，但對於已經遠離交易市場或進入退休狀態的高齡金融消費者之需求，卻缺乏應有的重視。

　　因此，「金融老年學」所關注的是，如何透過宏觀的角度優化影響個體老化的環境（例如經濟、社會或政治等），並從微觀的角度則呼籲關注消費者在高齡化過程中所產生的心理與生理變化，並基此提出在金融佈局上的妥適對策，調和供、需之間的平衡。換言之，金融老年學將有助於金融業更深刻了解金融消費者從退休前到退休後的需求轉變，從中思考因高齡化所衍生的創新需求，並揚棄專注傳統金融商品或服

務的促銷窠臼,而願意追求自身創新或與非金融業共同合作,與客戶建立更深厚的信賴關係,並提供多元且持續的優質服務。

進一步地説,所謂的金融老年學是結合了認知科學、老年學以及金融學的重要學門,相較於傳統經濟或金融學側重理性之人如何將其所取得的市場資訊進行最大化以產生效益有所不同,因為金融老年學主張在認知能力降低而無法做出合理之意思表示的前提下,其所為的金融行為或社會活動一定會受到影響。而且,隨著平均餘命逐漸增加,高齡者將面臨資產總量無法配合餘命所需的「長壽風險」;以及如果罹患失智症導致認知能力下降的「認知能力風險」,這些都是金融老年學關切的重點。

由於人類的認知能力大抵可區分為「結晶(構)性知能」與「流動性知能」,前者是活用生活中所累積之學習或經驗的能力,後者是指能夠學習新事物並適應新環境所需具備的能力。而金融老年學提醒大

家，「結晶（構）性知能」能力會隨著年齡增長而增加，「流動性知能」能力則減少，但二者綜合的能力於人生的中高年齡達到高峰，之後則將因年歲增長或因疾病而逐漸遞減。

依據國際失智症協會的統計，2019 年全球有超過 5 千萬名失智症者，預計到 2050 年時將增加到 1 億 5 千 2 百多萬名失智症者；世界衛生組織（WHO）也從 2012 年開始，要求各國將失智症列為優先的公共衛生議題。WHO 所定義的失智症範圍，除了包含傳統失智（癡呆）症外，也包括阿茲海默（氏）病及神經系統退化性疾病；如果依這項定義來看，台灣全民健保申報資料中，2018 年因失智症就醫的人數約為 27.1 萬人，相較 2017 年 25.2 萬人增加 1.9 萬人。

此外，依年齡觀察，2018 年失智症就醫人數也隨著年齡增加而成長，未滿 65 歲因失智症相關疾病就醫者僅占其人口數的 0.1%，但是一旦到了 85 歲以上，便提高到 24.4%，也就是說，平均每 4 位就有 1

位曾因失智症相關疾病就醫（衛生福利部統計處網站 https://dep.mohw.gov.tw/dos/lp-4445-113.html）。

再者，近年來在老年醫學中受到關注的輕度知能障礙（Mild Cognitive Impairment, MCI）是指正常老化到失智症開始出現徵兆間所存在的過渡區域，在臨床上每年約有 10％-15％會發展為失智症，雖然日常生活多半無虞，但在面臨較為複雜的工作任務或社會環境下的活動時，則會產生困難。諸如此類的生理或心理變化，對於金融消費者本身難謂沒有障礙（例如判斷與決策能力降低，間接影響資產的佈局），對於身邊的親人或利害關係人卻可能產生影響（例如資產如何運用、變更用途、處分與否，甚至如何傳承也將成為問題所在），在金融商品或服務上如何因應，是未來不容迴避的重點。

除了長壽風險與認知能力風險外，隨著金融科技（Fintech）世代的來臨，諸多高齡者因為不熟悉科技技術而演化為「IT 風險」。從金融老年學的角度觀

之，金融業者如何降低金融服務與高齡者需求間的不匹配（mismatch）差距，也是供需間尋求和諧發展的關鍵，這也會是金融老年學的重點所在。

日本高齡化的現象也非常明顯，因此台灣在高齡化議題的推進與發展上，常以日本為取經對象。對應金融老年學在金融領域的應用，日本也有深刻的軌跡。日本金融廳在 2017 年 11 月發布《平成 29 事務年度金融行政方針》，方針中指出應隨著金融老年學的發展，進一步檢討高齡投資人的保護措施。次年 7 月，金融廳以 2017 年的金融行政方針為前導，邀集學者專家探討高齡化的現狀與金融相關議題，並提出《關於高齡社會的金融服務模式報告（高齢社会における金融サービスのあり方）》。報告中建議：

（一）因應高齡社會，未來的金融服務應跳脫從業者觀點所設計的單一性商品，逐漸轉化為以顧客個人觀點並滿足其需求之商品；此外，利用 AI 與大數據也能夠使客製化的服務更易於提供；

（二）應運用金融老年學的視角，增加金融業與非金融領域（例如家事協助、關懷服務）業者的合作；

（三）幫助顧客將資產進行「可視覺化」，使其更容易選擇適合自己的商品與服務。

2018 年 7 月公布的此份報告，提出了關鍵的金融新思維，後續於 2019 年 6 月由金融廳所提出的《高齡社會的資產形成與管理》等報告，也受到了影響，而金融老年學也逐漸成為潛移默化的新思維。

金融老年學與金融創新

◉ 商品與服務創新

無論是因為長壽風險所導致的資產不足，或者是因為認知能力風險所產生的資產管理及運用問題（例如因為認知能力降低遭受詐欺、因為罹患失智症導致無法以自己的名義處分資產甚至無法確保資產的擁有、無法決定如何繼承或應選用何種稅制…等），都

是金融老年學關懷的重點。金融業如何在這樣的導向中尋求創新？

　　日本學者曾做過一項有趣的調查，調查中發現日本男性約 65 歲、女性約 55 歲左右時的金融素養（回答金融相關問題的正確率）最好，之後隨著年齡增長，金融素養也會逐漸下降。此外，過度評價自己能力的「過度自信偏差」，通常在年輕時較高，到了 55 歲左右最低，之後過了 60 歲又再度上升。

　　關於金融老年學的應用，對於認知能力較低的客群，金融業應明確訂定因應方針與契約類型，同時可培育特定的服務人員，並施予教育訓練提升相關知識。此外，也應積極與非金融業（例如照護機構、律師或會計師事務所等）進行合作。除此之外，保險（小額終老保險、年金保險、長照險…等）與信託機制之運用，也是從金融老年學視角應陸續為高齡者完

善並創新的制度。

2020 年 9 月 1 日由金融監督管理委員會所提出之「信託 2.0」政策，便是重要的體現；此項政策期許信託業積極投入適當資源調整部門組織及培育專業人才，並透過整合機構內部資源及對外跨業合作，改變以往過於偏重理財信託的現況，發展為客戶量身訂作之全方位信託業務，與金融老年學的精神相牟，也與日本金融廳的金融行政方針有異曲同工之妙。「信託 2.0」除了將持續推動安養信託等助益於高齡者身心照護之制度外，也藉由「高齡金融規劃顧問師信託專業能力認證制度」之推動儲備人才，而「與社福團體、安養機構及醫療機構等跨業合作」的建議措施，也是金融老年學鼓勵金融業與非金融業進行異業或跨域合作的實踐。

未來，信託如何搭配成年監護制度，確保高齡者在處理資產時能夠更加安心，仍然是法務機關與金融主管機關必須面對的議題。

❷ 結合科技的金融創新

近年來備受關注的金融科技（Fintech）或科技金融（Techfin），都將促成普惠金融（Inclusive Finance）的實現。但是，在高齡者的金融應用過程中，科技所提供的功能不應僅止於快速或便利，而應從金融老年學的視角去發掘問題並提供解決之道。

例如英國的匯豐銀行（HSBC）在 2018 年宣示該行為「認知友善銀行」（Dementia-friendly bank），香港分行也在 2019 年跟進。該銀行為認知能力較弱的客群設置了「特別服務窗口」，並運用金融科技協助保管交易紀錄、將交易紀錄副本通知本人指定的第三人（例如家屬或朋友）；此外，也為其個別設定 ATM 的取款額度，並使用聲紋認證避免詐騙及導入簽名晶片卡（chip-and-signaturecard）等措施，對於高齡者的友善度可見一斑。

此外，位於美國的科技新創公司 Neuro track 也透過人工智慧（AI）技術偵測眼球運動，來及早辨識

使用者的認知能力是否下降或已經下降的狀態，此項技術也與保險公司進行合作中。

在日本，由於對於金融老年學以及金融科技的重視，許多機構也陸續將科技應用在高齡者的金融服務中。例如三菱 UFJ 信託銀行（提供於資金需求孔亟時，代理人可將收據用手機拍照立即可向銀行請款之服務）、佐賀銀行（與軟體公司合作開發透過監視器影像來偵測詐欺之系統）及信用卡公司 JCB（當客戶使用金融卡時，會將簽帳的紀錄以 email 方式傳給客戶指定之人或親族）⋯等，不一而足，但都充滿溫暖。

在研究發展過程中，「專屬性之辨識」是重點所在，換言之，金融消費者本人獨有的物品、知識或生體資訊（例如指紋、靜脈、虹膜、五官或聲紋等），都是重點所在。對於認知功能降低的高齡消費者，不僅容易遺失提款卡或存摺，對於密碼的記憶也往往產生困難，若透過生體資訊進行認證，不僅能減輕高齡者的負擔，在交易上也更形安全。例如日本的大垣共

立銀行便提供了使用靜脈辨識的生體認證，配合密碼
與出生年月日的輸入，便可在無提款卡也無存摺的情
形下進行交易。再者，Aeon 銀行與 Liquid 公司也開
發了高速認證系統，自 2017 年 11 月起導入使用指
紋與靜脈雙特徵進行生體認證之系統。如果能夠掌握
這些重點，高齡長者的金融體驗一定會更加愉悅，也
更能享受樂齡人生。

　　演講結束後，四個人剛走出會議室大門，
就聽到陳媽媽興奮地對著張媽媽大叫，「今天真
是來對了，這要感謝我的好姐妹，我真的學到
很多東西，這場演講太精彩了。」吳媽媽說道：
「好了，好了，時候也不早了，我們該回家了，
等等還要花一點時間消化一下剛剛演講的內容
耶。」「對了，剛才主講人李教授有一張投影
片，我覺得很重要，正好和我們下午討論的內
容有關，稍後我整理一下，再發到群組裡讓你

們一起看看。」

　　就這樣,四個人分別回到了自己的家中。洗好澡的陳媽媽正打開電腦搜尋李教授之前所發表的文章,桌上的手機忽然響起了「叮咚」的收訊聲。

對策／制度	健康狀態	判斷能力降低	死亡	傳承
遺囑			生效	
成年監護		發揮效益		
委任	發揮效益		委任關係,因當事人一方死亡、破產或喪失行為能力而消滅。但契約另有訂定,或因委任事務之性質不能消滅者,不再此限。	
贈與	生前贈與		死因贈與	

信託 ➡

　　陳媽媽一邊看著圖表，一邊想起李教授在演講時提到的內容，「遺囑、贈與（生前或身後）或意定監護，對於高齡長者（甚至不限於高齡者）的資產規劃與佈局，都有幫助，但是可以加上「信託」。信託是一種財產管理制度，依信託目的之不同，可達到財產管理、事務處理、追求利潤與實踐公義等功能。」

　　「信託，到底什麼是信託？」只聽到四位媽媽不約而同地喃喃自語，原來，這句話竟同時浮現在四位時代新女性的腦海裡。

CHAPTER

樂齡人生，
信託不能缺席

「到底什麼是信託？」這個問題讓張媽媽想了一個晚上，她一早起來便積極上網搜尋許多關於信託的說明與案例，這才發現原來信託具有多元性。於是，她發了一個訊息給其他三位媽媽，她決定成立有關「信託」的讀書小組，開始努力鑽研信託。

幾天後的某個下午，張媽媽邀請大家來到她的家裡聚會，並宣布正式召開讀書小組第一次會議，同時她也邀請了一位在銀行信託部門服務的朋友－黃經理，作為第一次讀書會的來賓。

張媽媽說：「因為大家都是第一次接觸信託這個領域，所以我找了專家來幫我們上課，希望能更清楚的了解有關信託的相關規定與實務操作。」

聽到張媽媽這麼介紹自己，黃經理臉上露

出靦腆的微笑，他說：「能來這邊跟大家分享有關信託的一切是我的榮幸，非常謝謝張媽媽的邀約，更感謝大家的不棄嫌。其實，信託是一個新興但重要的制度，以前大家對信託並不熟悉，錯誤的認為信託是一種投資工具，或只是基金之類的，但這幾年因為主管機關的推動，再加上一些業者也熱烈響應，確實讓社會大眾能更清楚的認識信託了。」

信託，是最溫暖的金融工具

認識信託—信託如何成立與生效？

　　信託是一種為他人的利益管理財產的制度，在英美早被廣泛利用，任何人都可以藉由契約或遺囑的方式，以動產、不動產或其他權利作為信託財產，為自己或他人的利益成立信託。在符合法定要件下，信託的目的、範圍或存續期間等，均可依各別需要而訂定。我國信託法在 1996 年制定公布，整體內容主要以日本與韓國的信託法為本，並參酌英美法的信託法原則所制定，是我國重要的財產管理制度。

　　信託的成立方式，依信託法的規定，共有契約信託、遺囑信託以及宣言信託三種方式。信託法第 2 條所規定：「信託，除法律另有規定外，應以契約或遺囑為之。」以及第 71 條第 1 項之規定：「法人為增進公共利益，得經決議對外宣言自為委託人及受託人，並邀公眾加入為委託人。」，便是信託成立方式的依據。

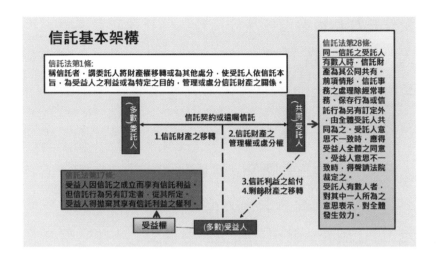

對於信託財產的保全與增值，可以說是信託制度所發揮的財產管理功能；除此之外，也能以慈善、文化、學術、技藝、宗教、祭祀或其他以公共利益為目的而設立信託，發揮實踐公益的功能。

在信託的種類上，可依信託的成立方式區分為契約信託、遺囑信託與宣言信託，也可以依信託利益是否歸屬於委託人本人而區分為自益信託與他益信託。此外，如果從信託目的是否具有公益性加以區分，則可區分為私益信託與公益信託，若以受託人是否以承

受信託為其營業也可區分為營業信託與非營業信託，因為信託種類的不同，所衍生的法律效果與稅賦也會有所不同。

但是不論何種信託，構造上大致有委託人、受託人與受益人的三方關係，而且在信託成立之時，信託本旨、信託財產與受益人必須能夠確定（或可得確定），在委託人將信託財產交付給受託人後，信託契約便生效。在信託存續期間，受益人對於受託人可以主張的權利為「受益權」，而受託人必須按信託本旨（無論是以契約、遺囑或宣言方式成立）給付予受益人者為「信託利益」。

認識信託─信託的主體與客體有哪些？

「聽起來好像很有趣耶！」一旁的張伯伯原本自顧自地低頭滑手機，聽到黃經理說的話竟忍不住插嘴，他接著說：「這和我以前聽到的信託，有點相似又有點不太一樣耶！」黃經理喝了一口茶，說道：「張伯伯，不確定您之前聽到什麼，或理解多少，但人的一生可以用到信託的機會非常多，非常歡迎您一起來認識信託唷！」

聽到黃經理的這番話，張伯伯就順勢挪了挪椅子想要靠過來一起聽，卻聽到張媽媽咳了咳聲，嬌怒說：「老張，你不要來打岔，今天是我們幾個女神的讀書會，等我們上完課之後你再來，現在不要過來湊熱鬧。」只見張伯伯轉身做了一個鬼臉，悄悄的把椅子挪回原本的位置，

整個人卻面向黃經理。

　　吳媽媽接著問：「雖然我自己一直在金融界服務，但平時接觸比較多的不外是保險、基金或外幣等幾種，對於信託還是一知半解，像是信託的財產或是信託的當事人要如何確認呢？」

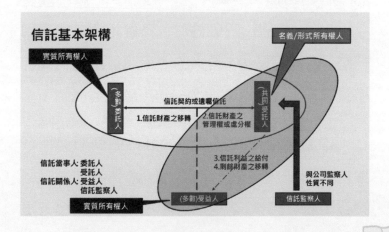

信託基本架構

實質所有權人

名義/形式所有權人

（多數）委託人

共同受託人

信託契約或遺囑信託

1.信託財產之移轉　　2.信託財產之管理權或處分權

3.信託利益之給付
4.剩餘財產之移轉

信託當事人：委託人
　　　　　　受託人
信託關係人：受益人
　　　　　　信託監察人

與公司監察人性質不同

（多數）受益人

信託監察人

實質所有權人

信託的主體

認識信託當事人···

信託的結構中，無論採取何種形式，委託人與受託人是**信託當事人**。

◎ 委託人

委託人是提供財產設立信託的人，在我國的信託法中，並沒有關於委託人資格的相關規定，因此要看的是民法的一般原則。也就是說，如果委託人是法人，應該受到章程或捐助章程所訂目的與範圍所限制；如果委託人是自然人時，必須受到民法上關於行為能力規定的限制：（1）契約信託：委託人需符合民法上成年的資格（2023 年前是 20 歲；2023 年之後 18 歲便成年）且未受監護之宣告，如果是限制行為能力人必須經法定代理人的同意始得為之，若為無行為能力人則必須由法定代理人代理；（2）遺囑信託：如果是以遺囑成立信託，依民法第 1186 條的規定，

16 歲以上的自然人有遺囑能力，因此滿 16 歲且未受監護宣告的人可以擔任遺囑信託的委託人。

❸ 受託人

信託法第 21 條規定：「未成年人、受監護或輔助宣告之人及破產人，不得為受託人。」是信託法關於受託人的資格規定，之所以這樣規定，主要是考量受託人在委託人移轉信託財產或進行其他處分後，必須依信託目的進行管理或處分，因此必須具備權利能力與行為能力。

另外，由於信託具有雙重所有權的性質，也就是「實質所有權人」（委託人）與「形式所有權人」（受託人）會分離，換句話說，受託人雖可對於信託財產進行管理或處分，但不能享有從中產生的利益，而必須歸屬於信託的受益人，而受益人可以是委託人本人或其所指定之人。由於受託人是信託財產的「形式/名義所有權人」，在財產管理關係中扮演要角，因此信託法對其權利義務之規範也十分完整。受託人的義務

大致上有：

1 善管注意義務

信託法規定，受託人應依信託本旨，以善良管理人的注意，處理信託事務。如果受託人因為管理不當導致信託財產發生損害或違反信託本旨處分信託財產時，委託人、受益人或其他受託人得請求以金錢賠償信託財產所受損害或回復原狀，並得請求減免報酬（信託法第 22 條、第 23 條）。

2 分別管理義務

依信託法第 24 條的規定，除非信託行為中已經訂定可以不需要分別管理，否則受託人應將信託財產與其自有財產及其他信託財產分別管理，如果信託財產為金錢者，得以分別記帳方式為之。

3 自己管理義務

受託人原則上應該自己處理信託事務，但信託行為另有訂定或有不得已之事由者，得請第三人代為處理。如果受託人違反規定，使第三人代為處理信託事

務者，就該第三人的行為必須與就自己的行為負同一責任，該第三人應與受託人負連帶責任，這是信託法第 25 條及 27 條的規定。

如果受託人是因信託行為另有訂定或有不得已的事由，使第三人代為處理信託事務者，則只就第三人的選任與監督其職務的執行，負其責任；此時，該第三人負與受託人處理信託事務同一之責任（信託法第 26 條參看）。

4 忠實義務

由於委託人對於受託人高度信賴，因此才會將信託財產加以託付。因此，一旦受託人面對自己的利益與受益人利益產生衝突時，應該選擇遵守忠實義務（duty of loyalty），也就是必須以受益人的利益為優先考量。目前國內大多以信託法第 34 條前段的規定：「受託人不得以任何名義，享有信託利益。」作為推導出忠實義務的依據，而信託業法及金融消費者保護法則以明文加以規範。

受託人雖然依法必須負擔許多義務，但是為使權利與義務取得平衡，受託人依法也享有對應的權利。換言之，受託人就信託財產或處理信託事務所支出的稅捐、費用或負擔的債務，可以信託財產充之。如果信託財產不足清償費用或債務時，除非信託行為另有訂定，否則受託人得向受益人請求補償或清償債務或提供相當的擔保，在權利沒有獲得滿足前，可以拒絕將信託財產交付給受益人（信託法第 39 至 41 條併參）。此外，如果因為管理信託財產或處理信託事務而遭受損害，也應該給予受託人補償（信託法第 42 條）。

認識信託關係人‧‧‧

聽完之後，陳媽媽又問：「既然信託的架構與規定這麼完善，是不是任何人都能成為信託的受益人呢？像我們家的孩子一小寶，他是身

心障礙者，如果我設立了一個信託，他也能受益嗎？又哪一天我和我先生都走了，信託也還能繼續保障他的生活無虞嗎？」

正當黃經理要回答時，一旁的王媽媽搶先開口，她說：「我也在想，如果我們家那三個孩子未來不願意盡孝道，我有沒有可能用信託照護自己啊？」

受益人

信託法第 17 條規定：「受益人因信託之成立而享有信託利益。但信託行為另有訂定者，從其所定（第一項）。受益人得拋棄其享有信託利益之權利（第二項）。」因為受益人只是單純享受從信託關係中所產生的信託利益，因此具備權利能力即可，也就是說，

自然人、法人、受監護宣告或輔助宣告的人、破產人
或未成年人，都能夠成為信託的受益人。

另外，依信託法第 17 條第 2 項的規定可知，受
益人可以拋棄其享有信託利益的權利（也就是「信託
受益權」），但受益權能否轉讓？受益權性質上為財產
權的一種，原則上似無不許轉讓的理由，因此信託法
第 20 條明確規定受益權的讓與應準用民法債讓與的
規定，使信託受益權能發揮經濟功能。此外，受益權
能不能繼承？如果信託關係存續中受益人死亡時，就
其享有信託利益的權利未受領部分，除信託行為另有
訂定或依其性質為一身專屬之權利外，原則上應可由
其繼承人繼承之。信託實務上，也依信託利益的受領
對象與內容差異，將受益人區分為本金受益人與孳息
受益人。

簡單地説，如果信託的委託人就是受益人，便稱
為「自益信託」，例如高齡長者以自己為委託人同時
擔任受益人而設立的「高齡者安養信託」；如果委託

人以子女或其他人擔任受益人，就是「他益信託」，例如以身心障礙的子女作為信託受益人就可以成立「身心障礙者安養信託」。另外，值得注意的是，受益權可以共有，因此如果在信託的設計上，採取一部分自益與一部分他益的模式，也是可行的，例如委託人將股票交付信託，並以自己與子女作為共同受益人，但將自己設定為本金受益人，子女設為孳息受益人，這也是實務常見的運用模式。

❶ 信託監察人

　　在信託關係的運作過程中，為避免受託人發生違背職務或逾越權限之情事，同時保障受益人利益，並且確保信託目的之落實，信託法中也設有信託監察人制度。依信託法第 52 條第 1 項的規定：「受益人不特定、尚未存在或其他為保護受益人之利益認有必要時，法院得因利害關係人或檢察官之聲請，選任一人或數人為信託監察人。但信託行為定有信託監察人或其選任方法者，從其所定。」以及第 75 條之規定：

「公益信託應置信託監察人。」可知，信託監察人的設置，必須符合以下條件：

1 受益人不特定

受益人不特定是指委託人雖已指示受益人範圍，但究竟符合者為何人尚未具體確定，換言之，受益人在事實上已存在但還不能確定。

2 受益人尚未存在

此類情形是指受益人並非不特定，而是特定但目前尚未存在，例如以將來出生的子女或未來設立的法人作為受益人之情形。

3 其他為保護受益人之利益認有必要時

4 公益信託

公益信託因為事涉公眾利益，且受益人為不特定多數人，難以期待能夠監督受託人，因此信託法強制規定設立公益信託時應設置信託監察人。

信託監察人的任務是什麼呢？信託監察人除監督

受託人外，也可以自己的名義，為受益人進行有關信
託的訴訟上或訴訟外之行為，在資格上應有所限制。
從而，依信託法之規定，未成年人、受監護或輔助宣
告之人及破產人，不得為信託監察人（第 53 條），而
且信託監察人執行職務，應以善良管理人之注意為之
（第 54 條），如此方能落實制度設立的本旨。

　　黃經理為大家說明了受益人與信託監察人
的概念後，同時也給了王媽媽與陳媽媽一些在
制度設計上的建議，接著他打開隨身帶來的筆
電，開啟 2 個網頁，並將螢幕轉向四位媽媽與
張伯伯。

　　「剛才突然想到，其實陳媽媽為小寶設立信
託的時候，也可以同時考慮設置信託監察人，
我個人就很推薦「中華民國智障者家長總會」這
個單位，因為他們很有信念，也有多年擔任信託

監察人的經驗，您可以上網查一下，或是輸入網址 https://www.papmh.org.tw/ 就可以找到。」

　　「另外，王媽媽，我則是給您推薦「中華民國老人福利推動聯盟」這個團體，他們家的網址是 https://www.oldpeople.org.tw/pop/，我個人習慣稱呼他們為「老盟」。「老盟」是在 1994年成立的，當初是由 38 個來自全國各地的老人團體所發起，等到了 2009 年底，就增加到了116 個團體成員。

　　這個聯盟結合全國老人團體，並以推動老人福利、維護老人權益、建構完善老人照顧服務體系為宗旨，這幾年更致力關懷弱勢與獨居長輩的晚年生活，使老人的生活照顧不再受到忽視，目標是打造台灣成為一個健康、快樂、

有尊嚴的老人福利國。老盟也有擔任信託監察人的豐富經驗，也建議在您的安養信託中做這樣的規劃。」

聽完黃經理的說明之後，王媽媽與陳媽媽的眼眶竟同時垂下兩行淚滴，她們心想，這麼多年來的擔心害怕，總算是找到解決的辦法了。

信託，是最溫暖的金融工具

「其實，台灣現在也有很多社會福利機構、事務所或專業人士，都願意且能夠擔任信託監察人，這是台灣的福氣！」黃經理補充說道。

「那委託人要交付給受託人的財產有沒有限制？」被晾在一旁的張伯伯又忍不住好奇，蠢蠢欲動了。

信託的客體：信託財產

　　什麼是信託財產？信託財產是指委託人移轉或設定財產權給受託人，而與受託人的自有財產分離，並且由受託人按照信託本旨進行管理或處分的財產。因此，信託法第 9 條第 1 項規定：「受託人因信託行為取得之財產權為信託財產。」

　　一般說來，信託財產必須具備下列四個要件：

1 金錢換算之可能性

2 必須是積極財產

3 具有移轉或處分之可能性

4 必須現實存在及特定

　　此外，信託法第 9 條第 2 項也規定：「受託人因信託財產之管理、處分、滅失、毀損或其他事由取得之財產權，仍屬信託財產。」學理上稱為信託財產的「同一性」或「物上代位性」。

鑒於信託設立時，信託財產的範圍或內容固然是委託人所特定，但是在信託設立後，如果因為受託人的管理、處分、滅失、毀損或其他事由發生而變化成不同型態，變化後所取得的代位物仍應該屬於信託財產，才會符合信託本旨。

必須特別注意的是，信託財產雖然以受託人的名義進行登記，但實質上仍然不是受託人的固有財產，因此應該與受託人的固有財產加以區別，並且獨立在受託人固有財產之外，這就是「信託財產的獨立性」。

信託財產之獨立性，可以體現為以下幾點：

1 信託財產不屬於受託人之遺產

信託法第 10 條規定：「受託人死亡時，信託財產不屬於其遺產。」立法理由是明示信託財產有其獨立性，名義上雖屬受託人所有，但並非其自有財產，因此在受託人死亡時，不能將信託財產列入其遺產使成為繼承之標的。

2 信託財產不屬於受託人之破產財團

信託財產與受託人的自有財產必須分別獨立，在受託人破產時，自不能將這部分財產列入破產財產，供其清償破產債權人之用。因此，信託法第 11 條規定：「受託人破產時，信託財產不屬於其破產財團。」此時，受託人的任務，也因受託人受破產宣告而終了（信託法第 45 條第 1 項）。

3 信託財產排除強制執行之執行

信託財產在名義上屬於受託人所有，但實質上是為受益人或其他歸屬人之利益而所有，如允許受託人的債權人可依強制執行法執行信託財產以清償受託人固有財產之債務，則無異變相允許受託人侵占信託財產，因此信託法第 12 條第 1 項規定：「對信託財產不得強制執行。但基於信託前存在於該財產之權利、因處理信託事務所生之權利或其他法律另有規定者，不在此限。」

在實務的運作中，信託財產獨立性固然重要，但

是信託關係以外的第三人，要怎麼知道信託關係的存在，才能避免因信託財產特性所造成的不利益。這就有賴信託財產的公示制度，才能讓信託關係以外的第三人明確得知信託關係存在，以維護交易安全。依信託法第 4 條的規定：「以應登記或註冊之財產權為信託者，非經信託登記，不得對抗第三人（第 1 項）；以有價證券為信託者，非依目的事業主管機關規定於證券上或其他表彰權利之文件上載明為信託財產，不得對抗第三人（第 2 項）；以股票或公司債券為信託者，非經通知發行公司，不得對抗該公司（第 3 項）。」這些規定，都應該特別留意。

認識信託—信託會不會消滅？

信託關係的消滅，是指信託法律關係喪失存續的依據，而向將來消滅。信託法第 62 條規定：「信託關係，因信託行為所定事由發生，或因信託目的已完成或不能完成而消滅。」明文規定了信託關係消滅的事

由。

　　但是要特別注意的是，信託關係的消滅與受託人個人任務的終了不同，兩者不可混為一談；依信託法第 8 條第 1 項的規定，除信託行為另有訂定外，信託關係不因委託人或受託人死亡、破產或喪失行為能力而消滅，便說明了信託關係不會因為受託人任務終了而消滅。

　　信託關係的消滅，也可以透過合意終止的方式。如果是自益信託（信託利益全部由委託人享有者），委託人或其繼承人得隨時終止信託；如果是他益信託（信託利益非由委託人全部享有者），除信託行為另有訂定外，委託人及受益人得隨時共同終止信託，此是信託法第 63 條與第 64 條所明文規定的內容。信託關係消滅時，受託人應該就信託事務的處理作成結算書與報告書，並取得受益人、信託監察人或其他歸屬權利人的承認，而信託財產的歸屬，除信託行為另有訂定外，應依享有全部信託利益之受益人（第一順位）

及委託人或其繼承人（第二順位）的順序定之（可參考信託法第 68 條及第 65 條）。

讀書會結束之後，張伯伯彷彿受到啟發，他打算將自己的一部分積蓄回饋給社會。張伯伯原先是北部科學園區一家科技公司的董事長，他在公司服務期間就經常看到許多鄉下的年輕人離鄉背井來到園區工作，深知許多地方因為年輕人外出工作而出現人口嚴重老化的現象，不但影響該地區的產業發展，甚至導致傳承多年的特色文化逐漸凋零。張伯伯為此深感惋惜，總想著要做些什麼來回饋這些地方。

近幾年，他曾陸續聽過朋友說了幾種回饋社會的方式，有人說可以成立基金會，又有人說可以設立信託的，舉凡種種，莫衷一是。此

次他在聽完黃經理的說明後，心中有了較為明確的想法，這次他終於可以下定決心了。

認識公益信託

　　公益信託是什麼？依據信託法第 69 條的規定，公益信託是指以慈善、文化、學術、技藝、宗教、祭祀或其他以公共利益為目的而設立的信託。法務部 2002 年 11 月 19 日法律字第 0910043363 號函解釋，所稱「慈善」，一般是指救助貧困及救濟傷殘而言；舉凡對困苦之人或遭遇變故之人，給予安養、保護、救助，或對身心障礙之人給予醫療、養護等均屬之。此外，該函也解釋，公益信託的設立必須以公共利益為目的，始足當之。而所謂的「公共利益」，是指社會全體的利益，也就是不特定多數人的利益。如以特定人或特定團體為受益人的信託，並非公益信託。

　　再者，信託目的如果只是「間接」或其「結果」有助於公益者，也不是公益信託，但是若以救貧（慈善）為目的，英國判例上認為具有公益性；又受益人如果是國家、地方自治團體、財團法人或其他公益團體，雖然屬於特定之人，但是因為具有公共性，有助

於全體社會的福祉、文明與發展，因此也可認為具有公益性。

　　實現公益的方式很多，常聽到者如基金會或信託，二者可以區別如下：

項　　目	公益信託	財團法人
財產移轉	設立信託或捐贈給信託	發起設立法人或捐贈給法人
法律架構	信託架構	法人組織
設立方式	設立應經目的事業主管機關許可	先經目的事業主管機關許可，再向法院登記
組織及場所	無專職人員及主事務所	須設專職人員及主事務所
存續期間	依信託契約之約定	成立後不得任意解散

項　目	公益信託	財團法人
金額限制	信託規模具彈性，無最低金額，小金額亦可設立	捐助財產常有不得動用基本財產之限制，如規模太小，難以運作
財產保全	信託法規定信託財產之獨立性，效力強	依財團法人法之規定
是否設置監察人	應設置信託監察人	無強制性設置之規定

　　由於公益信託在本質上也是信託，因此在信託的設立生效與相關基礎條件上，與私益信託無異。但是，因為公益信託所要實現的內容是不特定多數人的利益，因此在受益人權利的保護上，信託法規定應設置信託監察人（信託法第 75 條）。

　　另外，也很重要的是，如何判斷信託目的是否與公益相符呢？法律規定公益信託由目的事業主管機關監督，而且目的事業主管機關可以隨時檢查信託事務

與財產狀況，必要時並得命受託人提供相當之擔保或
為其他處置（信託法第 72 條第 1 項及第 2 項）。

　　除此之外，既為實現不特定多數人之公益目的，
若能邀集更多相同志向之人參與，自屬美事，因此除
以契約或遺囑方式成立公益信託外，信託法第 71 條
第 1 項也明文規定：「法人為增進公共利益，得經決議
對外宣言自為委託人及受託人，並邀公眾加入為委託
人。」也就是可以透過宣言信託的方式，匯聚更多社
會人士參與，以增進公共利益的實現。

公益信託運作態樣

　　公益信託在實務上的運作型態，大致上可區分為：

● 維持本金型與動用本金型

　　如果以信託存續期間委託人所交付的信託財產本
金是否得以動用，可將公益信託區分為「維持本金型」
與「動用本金型」。前者在公益信託契約中明訂不得

動用信託財產本金，只能以信託財產所生的孳息從事公益活動；後者則是在契約中約定，受託人於信託期間中得動用信託財產本金進行與信託目的相符的公益活動。

在實務上，維持本金型的公益信託常見於信託財產規模較大、孳息較多且有意永續經營之公益信託；而動用本金型常見於信託財產規模較小且無意使該信託永續存在之信託。

❸ 概括目的型與特定目的型

顧名思義，概括目的型公益信託是指公益信託的公益目的涵括了較廣泛之目的，也就是並未限定公益的範圍。反之，倘若公益目的如果僅限於單一或少數特定項目，則稱為特定目的型公益信託。在信託法相關規定中，雖未限制概括目的型公益信託之存在，但由於信託法第 70 條第 1 項規定公益信託的設立及其受託人，應經目的事業主管機關的許可，因此不同的公益信託必須得到不同目的事業主管機關的許可，如

果涵蓋的目的越廣，所涉及的目的事業主管機關也就越多，越不容易取得許可。因此，目前在信託實務上僅有特定目的型公益信託，尚未有概括目的型公益信託。

🔹 事業經營型與財產給付型

事業經營型公益信託是指由受託人直接經營公益事業，也就是受託人應依信託本旨經營並執行公益活動，因此受託人也必須具備經營與執行的專業能力，例如經營博物館進行特殊文物之維護與修繕或設立組織執行特定環境的生態保育等均屬之。相對地，財產給付型公益信託，是指受託人純粹給付信託財產予符合條件之受益人的公益信託。

您知道嗎？

　　2017 年 10 月 3 日金管會銀行局公告「銀行相關業務公益信託許可及監督辦法第十條」修正條文，明定受託人應於年度終了後三個月內，檢具以下文件，送信託監察人審核後，報主管機關核備。一、該年度信託事務處理報告書；二、該年度收支計算表及資產負債表；三、該年度終了時信託財產目錄。此外，銀行局也表示，考量資訊網路之使用普遍，為便利公益信託公告文件之查閱，並落實資訊公開透明，參酌「文化公益信託許可及監督辦法」第 11 條之規定，公益信託相關文件之公告方式，增列受託人應於主管機關核備通知送達之翌日起三十日內，於其執行信託事務之場所及資訊網路公告至少連續三年以上。

　　這些規定，主要是避免「假公益、真逃稅」的事情發生。公益信託節稅或免稅的規定，如果從鼓勵公益慈善推動角度而言，是一種立意良善的規定；但是如果被有心人士作為操作手段，則非當初立法者所樂

見，也違背了制度設計宗旨。要解決公益信託的公共性困境，學術及實務上都有過討論，大抵上從二個角度切入，一為透明度（transparency），也就是公眾能否取得該信託的資訊並加以審視；其次則為問責度（accountability），也就是該信託的設立實質上是否促進公益。

其實，問題的核心在於，許多公益目的不一定透過公益信託方能達成，只是委託人既已選擇此種方式體現公益心志，自應使信託之運作符合公益本旨，而非欺世盜名。也因此，中華民國信託業商業同業公會也在 2019 年 4 月 17 日發布「中華民國信託業商業同業公會會員辦理公益信託實務準則」（中華民國信託業商業同業公會中託業字第 1080000193 號函訂定發布全文 15 條，金融監督管理委員會金管銀票字第 10801037500 號函洽悉），讓信託業者於承作公益信託時，有所依循。

依此實務準則第 5 條第 1 項之規定：「公益信託

契約中應明定主要辦理之公益事項，且有關會員（即受託人）對於公益信託財產管理、處分與運用方式之約定，應符合該公益信託主要辦理公益事項之內涵。」即言明公益事項必須明確，且須與財產之管理、處分與運用方式相牟。

此外，準則中亦規定會員（即受託人）應依公益信託本旨就信託財產為管理與運用，公益信託監察人、諮詢委員會對信託財產之管理處分不具有同意與否或審核之決定權（第 9 條），也賦予受託人對於信託財產具有充分的運用及裁量權，然應與公益目的相符。

除此之外，公益支出的比例是備受關注的焦點，準則第 10 條遂規定：「會員於執行公益信託時應注意以下事項，必要時於公益信託契約中就以下事項為約定：

一、公益信託之信託資產總額未達新臺幣三千萬元者，其依信託本旨所為之年度公益支出金額，除信託成立當年度外，應不低於該年度之公益信託行政管理費。

　　二、公益信託之信託資產總額達新臺幣三千萬元（含）以上者，依信託本旨所為之年度公益支出，除信託成立當年度外，原則上應不低於前一年底信託資產總額之**百分之一**。

　　三、前二款所稱信託資產總額係指前一年底資產負債表之資產合計總額，若信託財產屬未上市（櫃）且非興櫃公司之股份或股權，並未以評價方式列入資產負債表者，其股票價值應以該未上市（櫃）且非興櫃公司最近一期財務報表所載之每股淨值計算。

　　四、就信託財產中屬有價證券、不動產或其他現金以外之標的，原則上以該項財產之孳息作為公益支出之來源。」作為依循的規範。

訂定信託契約時，要注意哪些事項？

　　為使大家能夠進一步活用信託，以下幾張分解圖，可以幫助我們在設立信託的時候，更了解如何進

行。（僅供參考，依個案差異可以有不同的調整）

STEP 1 • • •

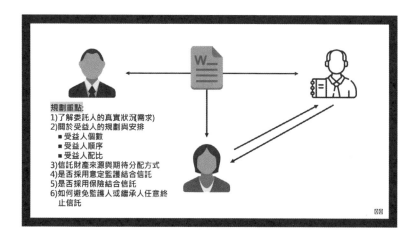

STEP 2 • • •

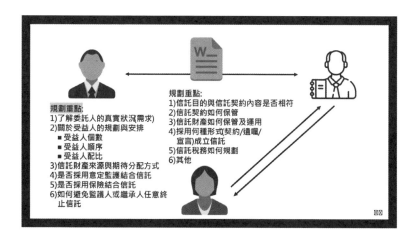

STEP 3 ● ● ●

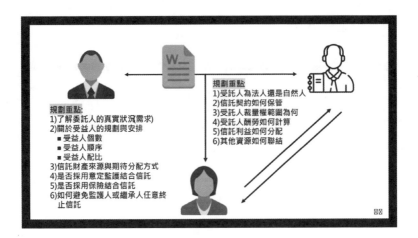

STEP 4 ● ● ●

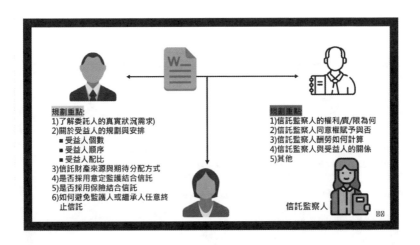

「未來已來，您來不來？」

當科技遇到信託‧‧‧

　　隨著時代的演進與產業發展的需求，數位轉型
（Digital Transformation）的概念逐漸浮現。數位轉
型是指在企業大規模的數位化應用，必須仰賴企業中
不同部門的統整，可能應用在營運流程（Operational
Process）、行銷與業務（Marketing & Sales）、輔助
功能（Supporting Functions）、創新與研發（Research
& Development）或資訊科技（Information Technology）
等方面，金融業也是如此。世界經濟論壇（WEF）也
認為，透過新興數位科技的綜合運用，企業價值將會
呈現躍升成長，不僅能改變目前的經營模式，甚至可
以協助企業產生全新的商業模式、應用、機遇或競爭
態勢。身處金融市場的信託業，也必須察覺此等改
變，進而御風而上。

❷ 商品或服務的創新

就商品或服務的行銷角度觀察，以往透過與消費者互動對話與交易的紀錄，進行消費者個性分析，現在可進一步透過人工智慧系統演算，推薦該消費者適合之商品。若從支援預測的角度言，人工智慧能以新聞、報告、公開資訊為依據，分析趨勢，並進行綜合指標預測，協助提供選擇建議。

此外，委託人與受託人訂定契約時，期待將信託財產進行最佳的管理與運用。但是應該如何合理運用信託財產，以往有賴人員的專業，依靠經驗及統合先前業務資訊，進行信託財產的規劃與管理運用。未來可借重人工智慧技術，將客戶的各項資訊交由人工智慧，學習出信託資金運用的模型，打造最適宜的客制化方案，不僅可省卻信託業者的人力成本，藉由人工智慧的使用產出一套信託財產管理運用的規劃，也展現業者在規劃能力上的專業，若能輔以「人機協作」，更能贏取客戶的信任，並使信託財產的運用更形多元且精緻。

　　在實際操作上，業者可蒐集過往委託人的資料，對應每筆運用花費之於委託人的滿意度評分，接著將各類信託與先前的花費運用方式、滿意度及委託人基本資訊輸入進人工智慧模型，讓模型學習出專屬於委託人的運用規劃，供委託人參考使用，甚至達到事前推薦以及事後規劃管理的綜效。再者，藉由監督式學習技術，也可以透過人工智慧訓練資料來建立數據模型，用以推測高關鍵因子的機率，進而打造出潛在客群的機率模型，增加產品的滲透率。

　　除此之外，對於高齡或生理缺損人士，藉由人工智慧技術也可以彌補真意表達上的不足。以安養信託為例，高齡者或身心障礙人士在簽訂契約時，可能會出現語言表達上之困難，倘若藉由人工智慧之協助，以即時語音辨識系統來輔助判讀委託人所表達的內容，並透過解讀整理出關鍵字，將可降低信託業對於客戶需求上之認知落差，同時輔以人工智慧共同判斷最適合的安養信託規劃，將有助於締造創新價值。

❾ 機構內部流程優化

藉由科技輔助讓內部組織流程變得更加順暢或降低成本，也是未來信託業可以探索的利基。觀察日本，三菱 UFJ 銀行（株式会社三菱 UFJ 銀行）、理想銀行（株式会社りそな銀行）、橫濱銀行（株式会社横浜銀行）及 SMBC 證券（SMBC 日興証券株式会社）與 FRONTEO 公司合作，針對目前各金融機構所創建並累積的大量「銷售人員銷售金融產品時的面談記錄」與「從客戶端接收到的各種反應所為的記錄」，藉由人工智慧（亦即本案的 KIBIT 系統）對此等巨量記錄（例如銀行的諮詢記錄或客戶反饋等）中的記錄進行評分並按優先級排序，從而提升工作效率，帶動業務升級（如下圖所示）。

從防弊的角度觀之，根據過往驗證所得的風險管理經驗，透過人工智慧篩選出可疑交易，並與外部資訊比對可疑的關係戶或警示帳戶，進行人工智慧的風險控管；此外，人工智慧也可以應用在強化審查對外

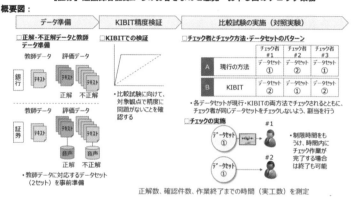

資料來源：日本金融廳「FinTech 實証実験ハブ」支援決定案件について
https://www.fsa.go.jp/news/30/20180507/20180507.html

發布的新聞、公開資訊或報告等，降低因公關操作不當的風險，而影響金融機構之信用評等或商譽。

　　至於在流程精進方面，還可以結合光學文字辨識（Optical Character Recognition, OCR）及影像辨識功能，將紙本票據推向數位化，應用人工智慧自動產出作業圖表，以提升作業效率與正確性。同時，為因應政府各項制度實施及法規更新，金融機構（包含信

託業）可以應用人工智慧技術支援，快速協助判斷營業規章與作業流程及作業手冊應調整之範圍，所產生的效益可說是十分多元。

❾ 客戶交易安全保障

世界先進國家已陸續開發具備視覺技術的人工智慧產品，並運用於各大金融業的用戶端或服務據點，擔負起客戶身分認證與安全防護的工作。值得注意的是，2020 年 4 月瑞穗銀行（株式会社みずほ銀行）、Google Cloud Japan（グーグル・クラウド・ジャパン合同会社）、野村總合研究所（株式会社野村総合研究所）及大日本印刷株式会社申請並經核准進入監理沙盒，該團隊所提出的創新應用內容為利用地理位置（geoposition）資訊結合人臉辨識形成數位身分證（Digital ID），以此打造得以使用本人認證的網路銀行機能，同時落實客戶正當程序（Customer Due Diligence, CDD）的系統。一旦系統得以順利運作，將可帶來以下效益：

（一）能夠透過地理位置資訊及人臉辨識功能進行可靠的個人身份驗證：例如限制自己的住所作為終端操作，以防止未經授權的訪問交易；此外，也可以透過人臉辨識防止網絡釣魚或詐欺。

（二）也可以透過雲端而不限於終端的認證：即使手機或其他設備遺失，也可以透過人臉辨識與雲端所儲存之資料進行核對後敏捷而準確地重新認證;而由於不依賴終端，因此也可以在沒有終端的環境中進行認證。

（三）服務等級（servelevel）的認證設定：例如限定高額交易時必須以住所的終端進行操作，以保障交易的安全性。

（四）可以配合住所地址的變更而適時更新資訊。相關活用實例如下圖。

這項創新非單純以信託為對象，但結合供給側的立場以及需求側的需求而為共同發想，便有無限想像。

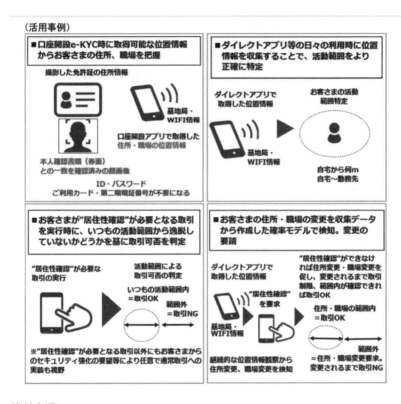

資料來源：
日本金融廳「FinTech 実証実験ハブ」支援決定案件について
https：//www.fsa.go.jp/news/r1/20200410.html

　　信託是一種長久性的關係，倘若能善用人工智慧
技術，除了帶來便利之外，也顧及交易安全與訟爭之
避免，同時也有助於找到異業結合的端點，可謂一舉
數得。

　　台灣高齡化情況超乎想像，如同搭上一班高齡化失速列車！銘傳大學金融科技創新研究中心執行長李智仁指出，台灣 2025 年就會成為「超高齡社會」，老年人口占比逾 20％、2060 年 65 歲以上人口占比更會翻倍至 40％。而「信託」是最有溫度的金融工具，可成為「航空母艦」承載各項理財工具並結合食衣住行、醫療、安養，信託業應盡快發展多元信託，縮短與「信託 2.0」距離。

　　李智仁表示，日本金融業針對高齡者會面臨的空巢、健康、高齡、獨身、失智、失能等問題已開始提出解方。像是日本郵局結合文創，郵差送信時順道訪視長者並回報社福機構；又如 R65 不動產推出電力守護方案與 IQF 電力公司合作，當監測到老人家裡的電力在該下降時沒下降就會發簡訊了解長者狀況；還有「孤獨社會護身符」R65 不動產與 Aiaru 小額短期產險公司合作，當老人租屋不幸在屋裡過世，下一位承

租人恐要求房東降房租，這時由保險公司就可填補房東損失，提高房東租給老人意願。

李智仁指出，日本在 2025 年時 65 歲的人中每五位有一位失智，所以所有業者都提前做準備，金融機構也積極思考怎麼用信託協助，且將信託與金融科技串聯形成更多元化服務，像是設計 APP，讓失智老人輕鬆查帳戶存款、取款日期與金額，其家人也可做交易明細瀏覽，另外，還有連續型信託，可代代傳承三代以上，讓長者安心。

李智仁表示，非金融服務也可與信託結合。像北原國際醫院與銀行合作，失智者在失智前留指紋、虹膜供身份認證，失智時醫院可用這些作身份認證簽同意書。台灣也看到安養信託結合醫療服務，像是華銀與醫院合作，華銀以融資協助興建護理之家，也提供業者引進醫療設備與設施的資金需求，另搭配安養信託商品專款專用特性，讓長輩們入住養護機構時免除後顧之憂。

資料來源：信託航空母艦 照顧長者（2021.10.20）。工商時報／魏喬怡。

3

CHAPTER

樂齡人生，
安養信託來陪伴

　　王媽媽依照黃經理的建議，準備規劃安養信託，並約好了某天上午到黃經理服務的銀行信託部見面，針對契約具體內容進行洽談。

　　這天早上，王媽媽與張媽媽一同來到銀行，黃經理仔細確認了王媽媽的需求項目與目前的財務狀況後，對著王媽媽說：「通常我們在了解客戶的需求時，不會單就數據資料就進行判斷，我們更想了解客戶的真正需求；而且因為我們是受託人，負有信賴義務，務必受人之託，忠人之事。所以我想請教王媽媽，有沒有哪些需求，是沒有寫在資料卡上的呢？」

王媽媽的基本資料

年齡：75 歲

健康狀況：尚可，但有心臟方面問題，
須定期回診

目前擁有財產：存款新台幣 520 萬元
房產一筆
（價值約新台幣 1,500 萬元）
股票 100 張

保險：長照險

兒女資料：三位兒子
（一位長年旅居國外，二位在台灣）

目前生活起居狀況：正常，毋須他人照料

期待信託模式：自益信託

信託的規劃，可以很精緻，
為的是滿足客戶真正的需求

依據研究分析，高齡長者的主要需求為經濟支持、健康醫療、心理調適支持與生活照護，其中又以經濟支持最為重要，因為經濟支持是其他三者的前提。對於擁有資產的高齡長者而言，信託在許多先進國家的發展歷程中，因為具備長期管理財產所需要的「**意思凍結機能**（不因委託人的意思能力喪失或委託人死亡，而影響信託目的之貫徹）」、「**受益人連續機能**（信託目的確定的同時，可約定信託受益權未來可依序歸屬於連續指定的多數受益人，以使信託目的得以長期落實）」以及「**受託人裁量機能**（委託人可以預先考慮還未發生但有可能發生的事情，授權給受託人視情況進行判斷，作出對受益人最有利的選擇）」，因此是樂齡人生規劃過程中的重點，台灣在近年來開始感受到信託的重要性，信託的相關知識也開始普及起來。

　　以往人們追求年老時的基本生活經濟安全保障，往往倚靠子女的照護與扶養。但是，伴隨著西方文化觀念的普及以及對於生活品質的追求，許多人已經不再依靠家庭功能來維繫老年經濟安全。相反地，如何善用理財規畫以及多元投資管道為自己打理晚年生活，變得更加重要；近幾年來，許多人在中年時期便已經積極籌備退休理財規劃，以迎接樂齡人生。

　　此外，世界銀行（The World Bank）有鑑於人口老化加速、衛生保健改善以及年金財務日趨惡化，將老年所得保障（Old-Age Income Security）視為重要議題，在 1994 年便提出「避免老年危機（Averting the Old-Age Crisis）」的研究報告。在該份報告中，提出三層式的保障建構模式，並建議透過再分配（redistribution）、儲蓄（saving）或保險（insurance）等功能，來解決老年貧窮的問題；此外，也建議應該

透過共同保險（co-insurance）的方式，避免因通貨膨脹、經濟蕭條以及低投資報酬等風險所導致的所得損失，以達成老年經濟保障的重要目標。

所謂的「三層式保障架構」，第一層是以政府所提供的社會保險為基礎，包含勞保、農保或國民年金等，性質上屬於強制性的社會安全保障制度；第二層是以企業為基礎，包含企業所提供的退休金或政府單位所提供的公務人員退休金等；第三層則以個人為基礎，透過個人的儲蓄或投資所得用於購買年金商品或其他投資，傾向商業儲蓄保險制度。這份架構在 1994 年提出後，已經成為世界許多國家的政府擬訂高齡者經濟安全體系的基礎架構，台灣也不例外。例如國民年金制度便屬於第一層次的退休金來源，而勞退新制之目的則為強化第二層次的退休金來源。

但是，必須注意的是，縱使世界上許多實施老年經濟保障年金制度的國家，大多參考三層式保障架構的模式建置了相關制度，不過因為現有的老年所得保

障普遍不足，近年來已經逐漸出現「年金貧窮化」
（pension poverty）的現象；加上全球性退休危機的
衝擊等因素所帶來的影響，原有的三層式架構模式，
已無法完全因應未來長壽社會（long-life society）與
景氣變動的需求。也因此，世界銀行重新檢視 1994
年所提出的架構，並且在 2005 年 5 月間提出「二十
一 世 紀 老 年 所 得（Old-Age Income in the 21st
Century）」研究報告，規劃高齡人口的多層次經濟保
障模式（the Multi-Pillar Approach），以因應眾多國
家不同的需求。新架構中新增了第零層與第四層，前
者側重低收入老人的資金援助，後者則為家人以及隔
代親屬的金錢支持。除此之外，世界銀行也強調高齡
者為避免退休金撥付或親友支持的金錢來源存在變
數，也應及早規劃資產配置並落實財富管理，才能使
自身得以享受具有尊嚴的老年生活。

　　因此，我們可以歸納一下，針對高齡社會的發
展，從政府的政策形成過程來看，應該深刻體認高齡
者的經濟安全需求，所架構的多層次保障內涵縱依國

情而有不同，但是藉由退休金、儲蓄或保險等方式，提供最基本的安定需求，有其必要。但是，高齡社會的發展腳步越來越快，除了政府所挹注的政策與資源外，高齡者也有必要了解自己的需求，儘早進行資產的配置與運用，以備不時之需。為了使高齡長者便於進行資產配置或財富管理的規劃，政府也陸續提供多元化的管道，增加更多可供選擇的資產配置措施，來保障高齡長者的經濟安全。

　　總體觀察，高齡者所面臨的問題中對應出期待解決的事項，如果從金融商品或服務的面向，能夠給予那些對應或協助呢？

高齡者面臨的問題	高齡者期待解決的事項	可協助高齡者的金融商品或服務
身體健康惡化、衰老問題	醫療支出增加	健康醫療險、安養信託
平均壽命延長（高齡風險）	長期照顧需求增加	長期照顧險、安養信託

高齡者面臨的問題	高齡者期待解決的事項	可協助高齡者的金融商品或服務
認知判斷能力下降、社會詐騙事件頻傳	資產保全需求	安養信託、不動產管理信託
無法面對太複雜的金融商品，或判斷金融市場趨勢	商品架構簡單且可以有穩定的退休資金流入（低風險且穩定收益或孳息）	存款、儲蓄險、年金險、穩定收益的金融商品（如 REITs、債券型基金等）
罹患失智症（老年痴呆症）	協助高齡者在失能或失智後，自己的財產能夠充分運用在自己身上，避免遭到至親或監護人不當挪用或侵佔。	監護結合信託、保護信託及安養信託
只有自身居住的房子，退休資金不太足夠或沒有存款可供生活使用	把不動產變成動產，可以定期領到一筆錢作為生活所需，還可以繼續住在自己的房子裡	以房養老（反向抵押貸款）+安養信託
資產移轉、子孫爭產紛爭	資產能夠和諧傳承、照顧（隔代）子孫	遺囑信託、家族信託、分年贈與信託

資料來源：張大為博士

在表格中我們不斷看到安養信託，因為安養信託真的很重要。信託（Trust）是一種財產管理制度，依信託目的之不同，可達到財產管理、事務處理、追求利潤與實踐公義等功能；安養信託則是將信託功能加以延伸，以保障受益人未來生活之財產管理、資產保全、安養照護與醫療給付等目的所成立的信託。

信託的規劃，可以很精緻，
為的是滿足客戶真正的需求

　　台灣預計在 2025 年邁入超高齡社會，退休人口逐年增長、扶養人口卻逐年下降，近年養兒防老的傳統觀念也出現改變，如何做好財務規劃、優雅邁向第三人生，將是「橘色世代」重要的課題。對此，銘傳大學金融科技學院教授李智仁表示，台灣的信託業隨著金管會信託 2.0 計畫的推展，讓信託業務有了更多元化的思考和工具，協助長者去做妥善規劃、保障的未來生活。

　　橘色世代是國際間稱呼年齡介於 55 歲至 65 歲的初老族群，如秋天的代表色橘色般地璀璨，同時又正準備邁入第三人生。老盟與《風傳媒》29 日攜手舉辦「橘色幸福力」2021 台灣高齡趨勢論壇，從健康、理財、學習和生活等面向切入，分享如何迎接幸福的橘色人生階段。

　　根據老盟委託台灣指標民調針對 55 歲以上民眾

所做的「六都長者幸福力」調查，詢問長者對於以過去 1 年來說，是否同意「目前的生活在經濟上有保障」的題項中，有 71.2%表示同意、26.2%表示不同意、2.6%未明確回答。若以年齡分層進行交叉分析，表示不同意的民眾，在 55 至 59 歲有 29.8%、60 至 64 歲有 27.5%、65 至 69 歲有 22.7%、70 至 74 歲有 21.1%、75 至 79 歲有 24.4%、80 歲以上則有 28.8%，在財務安全感顯現出 M 型化的情況。

此次調查於 8 月 1 日至 8 月 18 日進行，以異比例分層抽樣針對六都 55 歲以上民眾進行電話民調，各直轄市至少成功訪問 500 人，總有效樣本為 3011 人，並採比例估計法進行加權修正，信賴水準 95%時抽樣誤差最大值為正負 1.8%。

李智仁指出，台灣在這幾年人口轉型的過程中，面臨勞動力人口減少，相對扶養人口和醫療保險的支出相對變多，間接影響到國家的公共投資，「這些都是大家都知道的問題跟痛點」，市場機制也已經洞察

人口轉型的問題，包含製造業、服務業，甚至醫療保險和安養照護產業，或者針對橘色世代的生活優化產業也都開始努力。

李智仁認為，無論是透過民調或是互動等調查方式，長者往往比較含蓄，不見得願意表達需求，如何發掘「高齡者真正的需求」是未來重要的問題；而對於已經洞察到未來趨勢的產業，如何串接供應鏈或是跨產業串接，以及探求調查結果背後的問題，也是未來重要的課題。

李智仁表示，高齡長者的財務安全感是全世界都要面對的問題，從消極面來看，至少不要有高齡金融剝削，就是理專或理財人員鼓勵長者去做無法承擔的投資，「這是要被剷除的」；而積極面的部分，如何協助長者去做妥善規劃、保障未來生活，都必須要有業者開發多元的商品或服務，這也是金融業界不斷努力的方向。李智仁指出，透過安養信託規劃，長者可以安心委託安養機構照顧，或是不進安養機構也可以活

得很好，在許多數據中可以看到，安養信託的接受度已經逐步提升。他強調，信託的設計思考概念已經有更多的創意出現，與傳統單純的信託不同，長者在財務安全有很多的財務工具可以使用。

面對疫情帶來科技運用的轉變，李智仁表示，人們除了透過科技聯繫感情，也能透過科技強化長者的金融安全，例如日本已經有銀行透過 APP 的 GPS 功能確認長者的定位，在一定金額以上的投資需要在家中才能下單，避免受到外人影響，或是能有家人提供建議和討論，也是無形中強化了金融安全。此外，李智仁也指出，區塊鏈在不動產或是金融商品運用也很有幫助，因為區塊鏈具有不可竄改的特性，長者高齡長無論是不動產的買賣或者是結合信託，當中有區塊鏈的協助也能夠更放心。

資料來源：
《橘色幸福力論壇》長者財務不安感 M 型化
學者：信託 2.0 新思維提供更多元規劃（2021-09-29）。風傳媒／葉滕騏。

　　王媽媽聽到黃經理這樣問，若有所思地低下了頭，過了一會兒才把頭抬起來，她說：「其實，就如同您所說的，我在上面所填寫的基本資料並沒有全部反映出我的需求。我當然希望我的孩子每個都孝順，都有成就，可是他們的成就把他們帶得離我越來越遠。」

　　王媽媽停了一下，接著說：「其實，目前對我最好的並不是我自己的三個孩子，而是我的外甥女；當然，未來這三個孩子會不會有所轉變，我也不知道，但是我也要知恩圖報啊！萬一哪一天我走了，該給他們的，我一毛錢也不會少，但是我希望能保留其中的一部分給我外甥女作為遺贈，畢竟她在我有生之年，是那麼盡心盡力的照顧我，讓我快樂的度過每一天。」

「所以囉，就麻煩黃經理幫我規劃一個能讓我最安心的信託模式，這就是我最大的心願了。」

王媽媽的心願，也是很多人的心願…

高齡長者需要的信託，究竟應該如何設計？國內外的信託專家，在這幾年來不斷思考與推敲，認為符合長者需求的信託應該能夠結合財產管理與人身照護功能（例如結合安養機構、復康巴士、生活祕書、陪同看病、代繳水電、代為聘雇看護等）的全方位信託。

也因此，金管會所推動「信託 2.0：全方位信託計畫」與中華民國信託業商業同業公會規劃的安養信託，就是在強調將既有的安養信託與周邊人身照顧機構相結合，以達到財產管理、安養與照護、醫院醫療及社會福利的全方位服務功能。

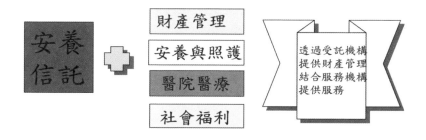

　　因應超高齡社會的來臨，考量高齡長者將財產交付信託時必須被滿足的需求，在設計之初有下列構想：

　　信託業以辦理安養信託為基礎，由受託機構提供財產管理服務，並結合安養與照護、醫院醫療及社會福利的服務機構提供周邊服務。受託機構可提供給客戶安養與照護、醫院醫療及社會福利的服務機構名單。客戶自行選擇與服務機構簽約，若委託人因受監護或其他情形無法選擇時，可由監護人或信託監察人代為選擇。受託機構依信託契約進行信託財產的管理、運用、處分，並支付服務機構的生活費、養護機構費、看護費、醫療費及其他特殊項目費用。

　　由於信託功能十分廣泛，運作上也充滿彈性，金管會在 2020 年所推動的信託 2.0 計畫，就是希望改變過去國人只偏重理財信託的現象，未來希望結合各項生活需求，重新定義「全方位」的信託業務，包括安養信託、員工持股信託、家族信託等；此外，也將以往社會大眾對於信託業只扮演單純代收代付款項的

功能，擴大到能夠進行「跨業結盟」的生態系服務。

簡單地說，以往在信託 1.0 時代，安養信託的執行，受託人只負責將委託人交付信託的信託財產，按期代付給受益人或所指定的機構；但是在信託 2.0 時代，受託人將與醫療、社福及安養機構等業者進行跨業合作，更全方位地提供居家照顧、健檢安排、醫療接送、輔具設備、機構入住與福利申請等服務，真正做到全方位的財產管理與人身照顧的功能。

「哇，怎麼這麼酷啊！」張媽媽看到黃經理提供的規劃方案後脫口而出說了這麼一句話，黃經理笑了笑，向二位媽媽再進一步說明：「其實，安養或照護機構可以由我們銀行提供給您，其中包括主管機關公布或我們銀行特約的機構名單，這樣可以省下很多心力。」

　　黃經理緊接著說：「目前相關服務機構可提供的安養與照護方式大致可分以下幾種：

　　一、居家式照顧：依據家庭照顧者需要，由受有訓練的照顧服務員到家協助家庭照顧者照顧長者。

　　二、社區式照顧：提供長者在白天到日間照顧中心接受照顧，晚上返回家庭照顧。

　　三、機構式照顧：提供長者在照顧機構接受照顧，按長者身心狀況又可分為健康老人照顧的安養機構及有罹患身心疾病老人的長期照顧機構等。

　　我們希望，在王媽媽的安養信託中，也做好未來相關照顧的規劃，滿足王媽媽剛才說的這些心願。」

居家式照顧	社區式照顧	機構式照顧
居家服務		
居家喘息服務	日間照顧	
臨時及短期服務	家庭托顧	老人養護補助
居家護理	社區復健	身障托育養護補助
居家復健服務	機構喘息服務	榮民安養與養護
輔具及居家環境改善	交通接送	失智症照護機構
緊急救援服務	團體家屋	
送餐服務		

資料來源：中華民國老人福利推動聯盟網站

　　「不好意思。我來晚了。」只見張伯伯在銀行行員的引領之下來到黃經理的辦公室，張伯伯在聽了張媽媽的簡短說明後，笑著對黃經理說：「我覺得這樣的跨業合作真的很好，但是我有二個疑問，不知道可不可以問？」

Q1：信託監察人要找誰呢？

「這是一個好問題唷！」張伯伯聽了黃經理的讚美，轉頭得意地對著張媽媽挑了挑眉。

黃經理笑著說：「信託監察人在高齡長者的財產信託規劃中，有其必要性，因為金融機構擔任受託人時，金融業的長項在於為高齡長者進行資產配置與財產管理，但是若能同時借重信託監察人提供諮詢，或協助訪視長者並代為提出需求，對於人身照顧功能與財產管理的結合功能，就能發揮得更加完善。」

「我們在實務上，如果客戶沒有子女或相關親屬，也找不到人可以擔任信託監察人時，大多會洽邀社會福利團體擔任信託監察人，借重他們的專業，協助老人獲得適當的安養照護。

特別是在高齡長者有身心障礙的狀況時，信託監察人的選任更加重要，通常會以長者所罹患的障別相關的社會福利團體來擔任信託監察人，不僅更能符合需求，也更能發揮功能。」

黃經理邊說邊翻開手邊的資料夾，他說：「目前擔任信託監察人的社福團體，有中華民國老人福利推動聯盟、無子西瓜社會福利基金會、中華民國智障者家長總會、心路社會福利基金會和台南市心智障礙關顧協會等社會福利團體，我想未來也會有更多的機構參與。」

您知道嗎？

社福團體擔任老人（身心障礙者）財產信託的信託監察人後，通常會指派內部的社工定期訪視，瞭解老人（身心障礙者）的生活狀況，作成訪視報告以供日後進行追蹤與參考。此外，也會在內部設立執行小組，召開會議討論受益人的相關決策事項，另外也有社福團體甚至在內部訂定相關實施辦法，明定信託監察人的職權、訪視的義務與作法以及收費標準等，以作為擔任信託監察人事務的標準。

Q2：安養信託的信託財產用完怎麼辦？ 能夠結合其他金融商品嗎？

在「信託 2.0：全方位信託計畫」的推動下，目前台灣信託業者已經陸續為高齡長者規劃出多元化的信託商品或服務，換言之，以安養信託結合不同金融商品提供的創新服務正在蓬勃發展，目前已有信託業將「安養信託」與「以房養老」（逆向抵押型房貸）

及「保險」等金融商品結合，以滿足客戶安養的各種需求，未來如有具「安全」、「穩健」之他業金融商品，也可以再行擴充結合。

綜合來說，目前信託業辦理的「安養信託」，結合其他金融商品的方式如下：

❸「安養信託」結合受託或運用於「有價證券」

辦理「安養信託」時，將信託財產運用於低風險且具穩定收益的有價證券，例如債券型基金等，及辦理有價證券出借等，以增加信託財產收益。但是這種方式，可能會因有價證券投資虧損而影響安養目的，因此實務上選擇運用標的時，業者多會選擇最低風險等級之標的，甚至有信託業辦理「安養信託」時只能運用於存款。

❹「安養信託」結合「以房養老」

高齡長者如果辦理「以房養老」，以房屋抵押由銀行按月撥款，有時因房價總額較高，每月給付金額

均有較多剩餘，此時為避免遭詐騙或親屬不當挪用，可將撥款金額部分交付信託，並由受託銀行按實際支出專款專用，剩餘部分則留存於信託，由受託人管理，以防止第三人覬覦。

❶「安養信託」結合各類「保險」

委託人辦理「安養信託」時，可將其所投保各類「保險」（例如年金保險、長照保險及健康保險等）給付，作為安養信託資金來源，以充實安養資金。

❷「安養信託」結合「以房養老」結合「保險」

針對部分有特殊需求之委託人，以委託人自己為要保人，將「以房養老」貸得的資金交付信託，用於為委託人繳交年金保險保費，其後保險給付之年金，定期交付信託作為委託人生活之資金及醫療安養費用。

❷ 以「安養信託」為軸心建立的跨業安養機制

　　高齡長者所需求的信託，是結合財產管理與人身照護功能的信託，目前已有信託業者開始將安養信託與人身照顧機構進行結合，相關辦理情形如下：

1. 與安養照護機構及老人住宅業者合作，提供辦理老人財產信託的高齡長者可優先入住並且約定在一定期間的入住費可凍漲。

2. 與殯儀服務業者合作，提供辦理老人財產信託的高齡長者可以優惠價格購買塔位及身後殯儀服務。

3. 與輪椅接送及租車業者合作，提供辦理老人財產信託的高齡長者能夠優先預定及租借無障礙車輛之服務。

　　黃經理說完之後，起身從書架上拿了一本書，他說：「這是信託公會出版的《安養信託 2.0》，裡頭有許多信託業者關於安養信託的實例，從中也可以看出這些業者對推廣信託業務的努力，非常值得推薦給大家閱讀唷！」

　　他邊翻邊說：「聽說這些信託業者未來還會陸續提供老人「食、衣、住、行」與信託相結合之相關商品，以滿足其一站式之服務需求，使高齡長者享受美滿的樂齡人生唷！」

　　信託公會所出版的《安養信託 2.0》中，舉了幾項精彩的規劃案例：

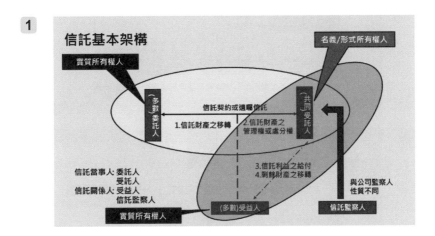

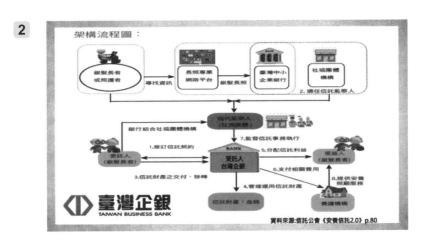

3

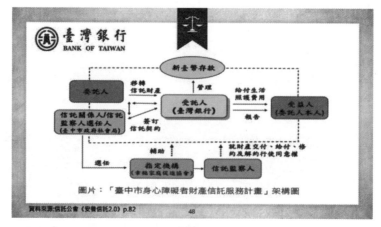

4

5

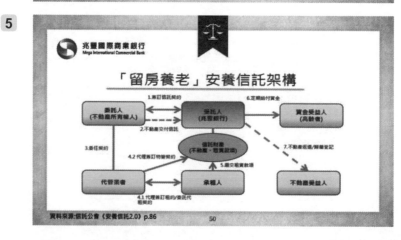

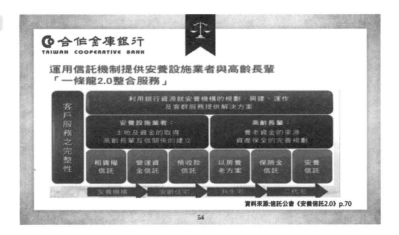

幾分鐘之後，黃經理拿著他調整後的規劃表，對著王媽媽說：「這是我們依據王媽媽的需求，重新擬制的安養信託規劃，您看看還有哪些地方需要補充或調整的？」

王媽媽的安養信託規劃（初稿）

年齡：75 歲

健康狀況：尚可，但有心臟方面問題，須定期回診

目前擁有財產：存款新台幣 520 萬元
　　　　　　　房產二筆
　　　　　　　（一筆價值約新台幣 1,500 萬元，
　　　　　　　一筆約新台幣 600 萬元（規劃自住））
　　　　　　　股票 100 張

保險：長照險

兒女資料：三位兒子
　　　　　（一位長年旅居國外，二位在台灣）

目前生活起居狀況：正常，毋須他人照料

期待信託模式：自益信託

信託規劃方式：
　　委託人：潘○華
　　受託人：○○商業銀行（協助信託財產之管理、處
　　　　　　分及運用，同時協助推薦並安排照護機構）

受益人：潘○華

信託財產：存款、股票、名下房產（價值 1,500 萬元）及長照險保險金

信託監察人：設定第一順位監察人為外甥女江○臻，

第二順位監察人為○○○

信託架構：採用自益信託

生前財產規劃：以信託財產管理、處分或收益所得，依信託契約約定方式按月給付信託利益給王○華；未來若另一筆原自住的住宅不再使用，將委託包租代管公司協助出租，租金所得也併入信託財產。

身故財產規劃：因為是自益信託性質，因此潘○華的繼承人（三位兒子）可以選擇終止信託；但依潘○華已立之遺囑，在分配遺產前，應給付遺贈 300 萬元予江○臻。如果三位繼承人都選擇拋棄繼承，則將財產捐給中華民國老人福利推動聯盟，作為支持台灣老人福利工作之推動。

「王媽媽，這是規劃的初稿，您可以帶回去看看。如果覺得沒問題，您再聯絡一下我們部門的袁副理，我們再安排時間討論具體的契約內容與其他細節。」

袁副理是一位長相甜美的女孩子，只見她親切地將名片分別遞給三位長輩，同時說：「王媽媽，歡迎您隨時和我聯絡。」

跟著袁副理之後又有一位年輕帥哥也遞出名片跟大家問好：「大家好，我是數位金融部的小賴，我們公司有上架了一款【信託 App】，裡面有許多與信託相關的資訊，將來各位成為我們信託部的客戶之後，我們還會提供行走步數的偵測以及 AI 人臉辨識的功能，保護您的健康之餘同時確保金融交易的安全唷！」

眾人一陣告別寒暄之後，王媽媽他們三個走出銀行，只見到張媽媽挽著王媽媽的手，兩個人臉上都掛著笑容，夕陽灑下的餘暉映照在他們臉上，如秋季楓紅般燦爛且明亮。

「橘世代」是指

50 歲以上長者的人生

彷彿秋天的楓紅一樣燦爛、明亮且豐富，

也意味著人生的下半場正要開始，

無論您現在幾歲，都可以再為自己努力活一次，

不斷地持續創造自己的人生價值。

安養信託規劃時，我們可以注意哪些事項？

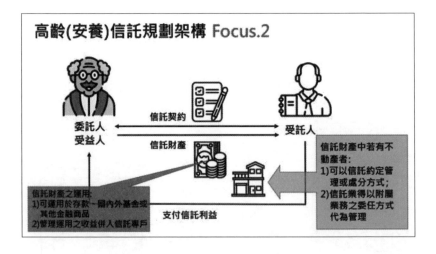

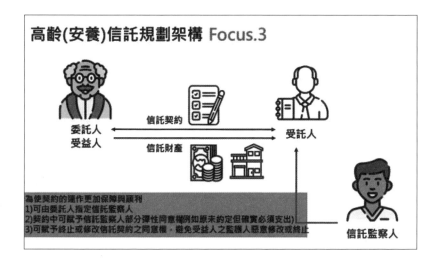

高齡(安養)信託規劃架構 Focus.3

委託人
受益人

信託契約

信託財產

受託人

為使契約的運作更加保障與順利
1)可由委託人指定信託監察人
2)契約中可賦予信託監察人部分彈性同意權(例如原未約定但確實必須支出)
3)可賦予終止或修改信託契約之同意權，避免受益人之監護人惡意修改或終止

信託監察人

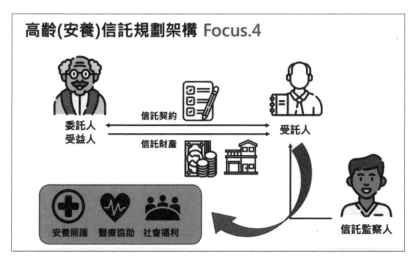

高齡(安養)信託規劃架構 Focus.4

委託人
受益人

信託契約

信託財產

受託人

安養照護　醫療協助　社會福利

信託監察人

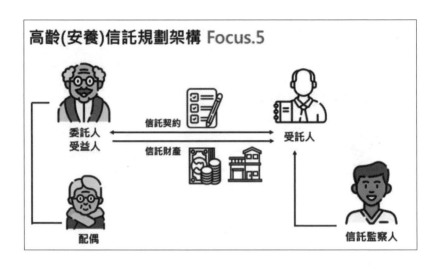

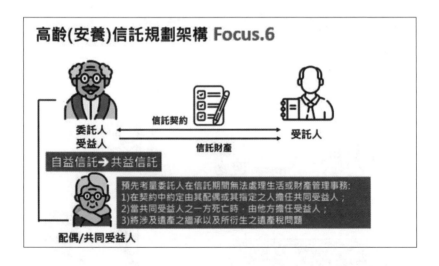

透過幾個步驟的檢視，相信對有心規劃安養信託的朋友一定有幫助。

您可能也想知道的小問題：

Q1 信託財產需要多少才合適？

A 法律上並未限制

大部分業者並無承作金額之下限，部分
業者以新台幣 30 萬元為最低承作金額

應注意者，信託財產過少會導致效益無
從發揮

Q2 設立信託一般如何收費？

A 締（簽）約手續費約為每件新台幣 3,000
元。修約費約每次新台幣 1,000 元

信託管理費大部分係按每月計算，於月
底依信託財產餘額年率 0.3%。0.6%按
月扣收

Q3　信託契約一般簽訂多久？

A　一般均於信託契約中自行約定
實務上也有以「受益人身故」或「信託財產用罄」作為末日

Q4　信託受託人一定必須是信託業嗎？

A　信託法並未限制僅得由信託業擔任信託受託人或規劃信託方案（金管會 110 年 3 月 29 日金管銀票字第 1100131805 號函同此見解）
國內外實務上也有以非信託業（如自然人或公司）擔任受託人者，亦即「民事信託」

Q5 信託利益之給付有調整彈性？

信託契約簽訂時，委託人得於契約中約定受託人得調整給付金額之情形（例如物價指數變動或其他情事）

契約也可約定因應主管機關依法令調整長照或醫護療養等機構之收費標準，而有調整彈性空間

實務上也有將調整建議權賦予信託監察人者

Q6 信託監察人有哪些權限或功能？

依信託法的規定，信託監察人可代受益人監督信託事務之執行（但不全然等同公司之監察人性質）

實務上透過信託契約賦予信託監察人「同意權」（例如信託契約之終止或修改、受益人有臨時或緊急資金需求時之核撥）

Q7　信託財產可運用投資嗎？

A　信託財產可用於存款或投資金融商品（例如基金或債券等），但不建議投資於高風險之金融商品

依信託法第 31 條的規定，信託業不得承諾擔保本金或最低收益率，故投資風險由信託財產負擔

Q8　非信託業者（例如律師或會計師）可以開立「受託信託財產專戶」嗎？

A　近來國內銀行陸續接獲非信託業者之受託人申請為其受託之信託財產開立存款專戶，顯示此類存款業務有增加之趨勢。惟此類存款帳戶與一般存款帳戶的性質有異，應如何制定開戶流程，始能於符合我國相關法令要求及國際趨勢之考量下，因應客戶需求，實乃重要課題。為此，銀行公會針對此類存款帳戶制定

Q8 開戶流程及草擬相關聲明書，以為國內銀行承接此類業務之依據。

為因應非信託業者申請開立受託信託財產存款戶的需求日增，此類存款帳戶之開戶流程應兼顧三點考量：（一）符合我國洗錢防制法令及巴塞爾銀行委員會有關確認信託關係真實性之要求，避免受託帳戶淪為洗錢工具。（二）避免非信託業之受託人因不知信託法及相關法令，導致受託人未能依法分別管理自有財產及信託財產或未能依信託法令及信託契約履行受託義務，以保障委託人之權益。（三）賦予銀行適當之審查責任，承擔合理之法律風險，使銀行樂意承接此類業務，而能達到制定之目的。

為此，銀行於受理此類存款帳戶之開戶時，應徵提受託人及委託人之雙重身分證明文件，並徵提經公證之信託契約，以便透過公證人之專業查證能力確認信託關係之真實性。銀行宜仿照美國銀行實務之作法，要求委託人及受託人簽具開戶聲

Q8 明書，聲明其已確實瞭解信託法等相關法令，以確保受託人依法依約處理信託財產；同時聲明其明瞭銀行非信託契約之當事人、代理人或輔助人，銀行並無依信託契約審查「受託信託財產專戶」存款之用途及往來情形之責任與義務，以確保銀行僅就「受託信託財產專戶」之存款帳戶，依存款契約負善良管理人之責任。

Q9 信託契約可否變更或於成立後取消？

A 可依契約約定方式變更

自益信託的委託人或其繼承人得隨時終止信託（信託法第 63 條第 1 項）

他益信託契約必須符合下列條件之一才可終止：（1）已於信託契約中約定取消之條件；（2）委託人及受益人共同為之（信託法第 64 條第 1 項）

安養信託契約需要約定哪些項目？

安養信託契約需要約定哪些項目？

信託契約範例		
信託期間	自交付首筆財產予受託人之日起，至 □民國__年__月__日止 □受益人年滿___歲止 ☑受益人身故時止	
信託財產 管理運用	委託人約定信託財產運用方式如下，受託人於約定範圍內 對信託財產之管理具有運用決定權： ☑銀行定期存款，上限100% □國內貨幣市場基金，上限___% □國內基金（不含貨幣市場基金），上限___% □境外基金，上限__%	

1.給付週期：□每年一次　□每半年一次
　　　　　　□每季一次　☑每月一次
　給付週期：☑每次固定給付新臺幣20,000元
2.特定日期給付：
　☑民國110年1月給付受益人新臺幣50,000元
　☑生日金，每次新臺幣50,000元

☑醫療費：醫院之收據或請款單 **實支實付**
☑養護機構費：養護機構照顧及雜支費用
☑看護費用
☑經信託監察人同意之臨時費用 **彈性給付**

《說明》有關「老人安養信託契約參考範本(增訂信託財產給付彈性及信託監察人權責等相關條款)」、「老人安養信託契約參考範本(委託人於信託期間喪失財產管理能力適用)」及「身心障礙者安養信託契約(自益)範本」等信託契約(參考)範本可自行至信託公會網站(https://www.trust.org.tw)下載使用。

王媽媽的好心情，其他三位都感受到了，其中又以吳媽媽最積極。吳媽媽雖然是業界的女強人，但是考量到未來可能獨身的生活，同樣必須有好的規劃，才能享有優雅的晚年，因此，她非常積極的上網查找資料。

　　台灣正面臨少子化危機，從 2020 年開始，勞動人口急遽走下坡，根據國發會統計資料，台灣自 2018 年轉為高齡社會，推估將於 2025 年邁入超高齡社會，而 2020 年超高齡（85 歲以上）人口占老年人口 10.7%，2070 年增長至 27.4%，也讓現在社會上單身男女比例越來越高，到時七八年級生退休後，該怎麼辦？之前有銀行推過以房養老，現在也有信託業者加入，只要把資產信託給銀行，就可以安心養老。

　　有一名 63 歲的個案，因為父母雙亡、早年離婚也沒有生小孩，單身的他，退休生活有一隻毛小孩陪伴。但這兩年目睹幾位老友陸續離世，還有一位晚輩因為心血管疾病倒下，躺在家中需靠年邁的老父母照顧。而獨身的他擔心有一天自己發生意外沒人照顧、又沒有可以交代的對象，所以他決定把自己的資產和房子信託給銀行，除了每個月有固定一筆額外兩三萬的現金收入可以運用、連如果有一天要面臨住院、安

養、甚至連身後事都有信託業者會幫忙處理。

　　國內知名信託專家李智仁教授指出，內政部 2022 年 1 月公布我國平均每戶人口數僅剩下 2.59 人，創下了自 1991 年（平均每戶 3.94 人）以來的歷史新低點，而內政部戶政司截至 2021 年的統計也發現，我國 2,300 餘萬的人口中，未婚者 9,870,617 人，離婚者 1,875,561 人，喪偶者則有 1,400,350 人，合計總計 13,146,528 人屬於獨身狀態，如果能透過信託的規劃，讓無論是年輕或高齡的「獨身世代」，都在評估自身資產與風險後讓自己得到妥善的照顧，不僅能享受更優雅的生活，也可以減少許多社會問題的產生。

　　李智仁建議在台灣應重視「獨身信託」商品的需求，透過信託業者與委託人締結契約，並由委託人所指定的公司或法人，協助處理身後事務。以日本三井住友信託銀行的「獨身信託」商品為例，約定未來協助辦理醫院或安養機構退住手續、水電瓦斯服務解約、發送訃聞聯絡家屬、喪儀與埋葬、整理住處的傢

俱或刪除電腦或手機內的數據等事務。處理完受委任的事務並支付相關費用後，剩餘信託財產則給付給委託人預先指定的歸屬權利人或回饋社會，充分完成並執行委託人的意願。

隨著單身人數逐漸成長，李教授建議在金管會及信託公會所推動的「信託 2.0 計畫」帶動的浪潮下，推動「獨身信託」創造民眾更多福利，也可善用意定監護與信託進行綜合規劃，更可以彌補遺囑的不足，也能發揮讓信託產生加乘的效益。

資料來源：
單身行不行？老了怕沒人照顧
專家曝：你可以這樣做（2022.03.14）。三立新聞／生活中心

　　我國處於獨身狀態（包括未婚、離婚及喪偶者）的人數占總人口數近五成，由於獨身者的生活型態、資產配置及風險控管與傳統「核心家庭」不同，在信託商品設計上也是值得關心的潛在客群。

　　在實務上，委託人可以和信託業簽訂自益信託契約，依照風險承受度選擇適合標的，透過信託逐步投資累積資本或搭配委託人自己作為受益人的生存、失能、長期照護保險，將保險給付納入信託一起規劃；委託人如果擁有不動產，並可藉由以房養老的貸款資金或留房養老的租金收入，充實養老信託資金來源。信託當事人亦可於信託契約中約定定期給付生活費、祝壽金、旅遊金、看護費、安養機構費用，或不定期不定額給付醫療及其他等生活所需支出，同時可預先約定隨受益人年歲增長或物價指數變動，彈性調整信託財產給付金額相關事項。

　　此外，為避免受益人未來可能發生失智後無法行使管理指示之情形，也可以賦予受託人為受益人利益

裁量管理信託財產的權利，或可約定委由委託人信任的第三人例如親友或社福團體擔任信託監察人，安排健康照護醫療等事宜，讓受益人身心受到完善的照顧。

　　高齡獨身者的比例也逐漸上升，往往形成金融服務上的盲點，除了在金融商品（例如信託）可以思考創新外，也可以結合科技進行創新。位於美國猶他州的 Altabank 也透過科技技術，使高齡者的家屬或照顧者可透過網路，即時了解銀行帳戶交易狀況與帳戶餘額（view-only access）。在帳戶的設計上，高齡消費者可設定主要與次要帳戶，高齡者本人對於主要帳戶有領取存款之權限，而次要帳戶之領取權則由高齡者與照顧者共享。在創新的發想上，讓高齡者可設定從主要帳戶定期轉撥固定金額至次要帳戶中，也便於照顧者使用；而次要帳戶也提供高齡者家屬監督權，以避免照顧者濫用。

　　隨著科技日益發達，科技的運用也將更為普及。大數據是以數學邏輯與演算法為核心的分析工具，厚數據則是「以人為本」且以創新為目的所進行質性資料的蒐集與分析，二者可以相輔相成。未來，信託業者可以透過大數據（Big Data）分析方式聚焦被服務者的特徵，並藉由厚數據（Thick Data）透析大數據視覺化分析後的背後意義與需求，將可結合金融老年學的應用，讓信託的運用更加多元且有意義。除此之外，人工智慧的導入將是高齡金融應用領域的革命性突破，如何透過數據分析與機械學習提供最妥適的客製化分析與建議，甚至找到尚未被滿足的需求，都值得期待。

人生只有一次，善用信託，

讓您的樂齡人生豐富且優雅

4

CHAPTER

妥善傳承，
樂齡人生不留遺憾

　　「鈴…鈴…鈴…」一陣急促的電話鈴聲，驚醒了正在熟睡的吳媽媽，電話那頭傳來陳媽媽驚慌緊張的聲音。

　　吳媽媽剛到醫院急診室，就看到其他幾位媽媽神色焦急的站在一起，陳媽媽哭個不停，一旁的張媽媽忙著安慰她。王媽媽看到吳媽媽來了，主動開口說：「陳先生晚上起來上廁所，突然暈眩跌倒，頭部似乎撞到東西，現在正在急救。」吳媽媽聽完之後，順手把帶來的披肩蓋在陳媽媽身上，輕輕地拍著她的背說：「別擔心，現在就交給醫生處理，他們一定可以的，我們先找個地方坐下來等待。」

　　終於，經過三個多小時的急救，陳伯伯總算脫離險境，目前已轉到加護病房觀察。幾天

後，陳伯伯病情順利好轉，院方又將他轉到普通病房療養。

這天是陳伯伯出院的日子，陳伯伯的大哥、大嫂以及尚未結婚的二位弟弟一起來家裡看他，再加上張媽媽、吳媽媽、王媽媽她們幾個，把整個客廳幾的是水洩不通，歡笑聲此起彼落，好不熱鬧。

就這樣熱熱鬧鬧折騰了一下午，等到把全部的客人送走之後，陳伯伯忽然心裡犯躊躇起來，他想起醫生在醫院說的話：「您的心臟問題不小，雖然目前我們以藥物控制，但是每天的生活仍然要小心，也要有規續的運動…，而且，再發病的情況可能還會有，請您務必小心留意。」

　　由於陳伯伯是繼承了父親的家業，兄弟四人胼手胝足打拼，努力將公司的規模擴大，而公司也在上市後獲利穩定，平順發展。陳伯伯是公司的董事長，總經理是由一位親近的表弟擔任，其他幾位兄弟則以股東身分繼續支持公司發展。陳伯伯擔心現在自己的身體亮起紅燈，如果有個三長兩短，可能會讓公司未來的發展受到衝擊。

　　由於台灣的企業中有九成以上屬於中小企業，其中又有接近六成左右屬於家族企業，此等企業的傳承是否順利，將影響整體國力與稅收，不容小覷。從不同的角度觀察會發現，台灣將近 56%的家族企業仍然是第一代在掌權，35%傳到第二代，但是只有僅 9%順利傳承到第三代以上，相較於歐美的百年企業而言，家族企業的百年傳承工程在台灣仍然還在萌芽階段，但也是啟動傳承工作的重要時機。近來越來越多的案例顯示，中小型企業如果無法解決企業傳承的問題，在第一代退休後，中小型企業大多只能選擇出售或停業，令人惋惜；媒體上也常見到許多體質優良的中小型企業消失，其實都不是國家及社會之福。

　　此外，隨著家庭結構的改變，以及家族觀念的改變，因為企業經營席次爭奪或家產分配不均所產生的紛爭也屢屢搬上檯面，令人唏噓不已。因此，近年來關於「創富、守富、傳富」的概念也逐漸受到重視，也成為金融商品發展上的重點與趨勢所在。

　　家業傳承是家族企業所面臨的重要考驗，除了必須傳承無形的企業價值與有形的資產外，也必須克服來自家族內部與外部的障礙。大致上來説，來自內部的障礙如下：

　　1. **結構**：針對家族企業的長期發展而言，在結構設計上是希望家族成員全部參與經營或者部分參與即可？因為參與的比例會影響專業經理人的職權範圍，同時也會間接影響業務掌握的比例；

　　2. **共識**：家業傳承過程中，如何將最起初的家長或創業者的理念，像後代子孫做最好的傳達，來獲得家族成員的共識，也是重要的問題；

　　3. **治理**：家族企業因同時涉及「家族」與「企業」，因此在「情」與「理」的收放之間必須有合宜的基準，同時也要協調財富管理與分配的最佳方案，

否則許多家族企業因為財富分配不均產生間隙或訟爭的戲碼將會上演；

4.**退場**：創業主是否樂見後繼有人而願意功成身退？如何訂定自己的退場時間表，是每一位創業者最難的決定，但卻是值得思索的問題。

此外，也有來自於外部的障礙，可歸納如下：

1.**政策**：國家的政策往往會影響家族企業的發展與傳承，也會直接或間接地影響財富的分配與規劃；

2.**法制**：不同國家的法制環境對於家業傳承的友善度不一，也會影響家族企業在傳承上的布局與進程；

3.**市場**：企業發展的本體事業有時候會受到市場的影響，也有可能間接衝擊家族所擁有的財富，形成傳承過程中的障礙；

4. **教育**：家族企業的企業發展與財富傳承，將因後代教育的良莠而產生變化，除了家族企業內部的教導外，要如何為下一代選擇教育環境，也是外部可能存在的障礙，必須審慎因應。

為排除或因應這些障礙，有許多制度陸續推出，包含常見的遺囑、生前贈與與死因贈與外，近年來受到關注的家族憲章、家族信託與家族辦公室等，都是為了讓傳承不會留下遺憾，所產生的規劃。

對於高齡長者而言，如何妥善規劃自己的安養為首要之務，但是家庭的和諧與家業的傳承與運用也同樣重要，畢竟「家和萬事興」的道理是不變的。為了達到這個理想，妥善進行家庭財富傳承的規劃，是許多企業家必須正視的課題。為使家業傳承能夠更加順利，同時協助企業穩定公司股權，永續經營，並解決財產跨代傳承問題，政府與業者也將信託作為重要的戰略思維，也提出對應的信託設計規劃，那就是「家族信託」。

　　由於信託具有高度的設計彈性，就國外經驗而言，家族信託（family trust）是一種良好有效的家族企業與財富傳承的方式。所謂的家族信託，是以家庭財富的管理、傳承和保護為目的所設立之信託，受益人一般為家族之成員，其設立主要用於解決財產跨世代傳承問題，尤其是使家族企業能夠實現有效而平穩的家族股權轉移與管理。臺灣中小企業多數以家族型態為主，通常家族企業傳承的問題有二：一是接班人不願或缺乏經營能力，無法繼續經營；二是家族成員意見分歧，甚至對簿公堂，造成家族企業紛爭。有鑑於此，家族信託在台灣的發展不僅日趨重要，更有未來市場的需求。透過家族信託的規劃，可以達到「富過三代」的效果，目前實務上辦理家族信託的方式，大致上可分為生與身後二種階段。一般來說，生前大部分是以他益信託或部分他益信託方式辦理，而在身後傳承階段則多以遺囑信託或是在繼承發生之後，以繼承人自己擔任委託人與受益人的自益信託方式辦理。

近日某位年輕藝人辭世，因為這位藝人的親民風格引發了大眾許多思念，但更多的是「錯愕」。嘆息英年早逝的同時，讓我不禁思考了一下，2020 年在國內、外離世的各界人士真的不少，包含了政治人物、文學家、演員、運動員、醫師…等。當中或有長久積疾者，也有意外過世者，更有感染新冠肺炎病毒（covid-19）確診而死亡者。雖然生、老、病、死本來就是人生必經之路，但是在面對生命中因為親情、友情、愛情或其他情感產生連結之人的離去時，那份酸楚往往取代了從容。

1990 年 3 月，歌手薛岳被診斷出罹患肝癌，當時的他才 36 歲。薛岳以大家熟悉的〈機場〉一首歌走紅，演唱事業正準備起飛，但是醫師告訴他只剩下半年的生命。在悵然若失的衝擊中，由劉偉仁老師創作並由薛岳演唱的〈如果還有明天〉吐露著對於不久人世的遺憾，打動了人心，也成為華語流行樂壇上的永

恆絕響。知名的德國哲學家馬丁・海德格（Martin Heidegger, 1889－1976）曾說：「人是向死而存在的（Being-towards-death）。」意思是當人意識到自己終將一死時，就會深刻反思自己生命的意義，或許，也為這首歌作了極佳的註解。

其實薛岳是幸運的，因為還有半年可以準備，如果他「突然」沒有明天了呢？誰能幫他？

由於自然與經濟環境的變化莫測，人們對於財富管理與資產配置的方式與心態也開始有所調整。然而，面對偶發的變故，應該如何提前準備？很多人會說，「我會預立遺囑與買保險！」這些都是正確的作法。但是因此而獲得財富的受益人，是否能夠妥善使用，或者有更多人覬覦導致不利，也是實務上常見的問題。

在未來的選擇上，「信託」應該扮演原有制度本質上的角色。由於信託本身所具有的彈性，以及受託人（無論民事信託或營業信託）所具備的專業，讓信

託（trust）在信賴（trust）的關係中實現信託本旨，是先進國家生活中的日常。以保險為例，透過約定分期給付保險金的方式可以達到照護受益人且避免浪費的目的；但如果進一步結合信託，則透過信託契約的約定，受託人將可協助受益人管理、處分或運用保險金，產生多元運用的價值，提供更多的選擇（例如「保險金信託房貸」，能夠在被保險人發生事故後保障按期繳納房貸本息，並給付受益人生活費用）。

此外，保險金信託也可以事先約定保險理賠金的投資範圍，避免年幼遺族面對投資理財問題措手不及；同時，也可以事先規劃保險理賠金給付及分配方式，以免遺族短期耗盡理賠金。當然，透過信託監察人的設置，可以確實照顧想要照顧的人，完成設立信託的初衷，也是信託的普惠精神。未來，如何讓保險金信託能夠推廣得宜，必須嚴正思考保險與信託二業本質上的異同與合作方式，同時也必須讓信託業者具備誘因。

　　除此之外，台灣上市櫃公司中有 70％是家族企業，總市值占六成；成立逾 20 年的中小企業則有 37 萬家，且高達七成企業主正面臨傳承危機，財政部、經濟部與金管會等部會無不關切。中小企業是台灣產業的重要骨幹，從而諸多媒體也透過嚴謹的調查報告發布以及座談會議探討，希望協助因應。

　　依據個人的經驗觀察，企業「代」際之間的溝通以及無形資產（如人脈）的傳承，一直是家業傳承中無可避免的議題，在媒體與專家團隊的研究中也有相同的結論。然而，完善的接班計劃恐需六年以上的時間，但「突然沒有明天」的家業傳承可能發生在一夕之間，人情的冷暖也會因為企業易主而浮現。因此，無論企業規模的大小，應當思考更全面的制度運用（如家族信託的設立，也可以結合保險金信託），讓有形與無形的資產可在世代之間進行安全合法的移轉，而且避免家族紛爭。

〈如果還有明天〉這首歌蒐錄在《生老病死》這張專輯中，專輯的名稱讓人深思。但如果再仔細了解，會發現同一專輯中有一首歌名為〈灼熱的生命〉，與〈如果還有明天〉相呼應，也道出創作者與演唱找對於音樂及生命的熱愛。面對明天的有無，或許毋須感慨，但必須有所準備。

資料來源：
李智仁觀點：如果沒有明天，誰來救援？（2020.09.21）。風傳媒。

　　這天在陳伯伯的辦公室，出現了一個熟悉的身影，他就是之前幫王媽媽做信託規劃的黃經理。一走入辦公室，黃經理就看到牆壁上掛著一幅字畫，上面寫著「利他」二字，他心想這應該是陳伯伯為人處世的理念吧。

　　「牆壁上的這兩個字，是我父親親手寫上去的，也是他對我們兄弟們的訓示和遺教，要我們好好傳下去。」黃經理點點頭，表示贊同。

　　陳伯伯看著父親生前的二個大字，忽然語帶哽咽，只聽到他微微顫抖的說：「在前陣子倒下去之前，我從不覺得有什麼問題，但這次的經驗真的讓我嚇到了，我真心的希望能夠好好的傳下去，但是，就怕天不從人願啊！」

　　「陳伯伯，您之前請秘書傳過來的資料，我和同仁們都研究過了，今天來就是希望能幫上一點忙的。」聽到黃經理說話，陳伯伯才忽然回過神來，他說：「啊！真不好意思，一時失神了，還請您指點一下迷津，我真是感激不盡啊！」黃經理說道：「沒問題的，您客氣了。針對您的資產部分，我們盤點後確定有存款、股票和不動產等幾大類，喔，還有一筆保險，請問這樣是正確的嗎？」「是的，沒錯！」陳伯伯答道。

　　「好的。我們會建議採取結合幾項信託的方式，區分生前與身後二個階段進行規劃，您聽聽看是否合適？」

時期	信託財產	信託規劃	信託規劃內容與目的
生前	金錢	子女保護信託	陳伯伯擔任委託人，交付現金給受託銀行，並且在信託契約中約定未來子女支用信託財產的條件 專款專用並協助子女規劃長期理財。
	股票	股權管理信託	陳伯伯將所持有的股票交付信託，在信託契約中約定，將股票所衍生的管理權與受益權分離，達成股權傳承及控管效益。 由於陳伯伯的小兒子小寶有心智障礙的問題，在設計上讓小寶單純享受到利益即可 未來陳伯伯也可邀請其他兄弟一起將股權交付信託，讓陳家的股權不至於分散
		股票孳息信託 （他益信託性質）	陳伯伯將所持有的股票交付信託，信託契約中約定以股票的孳息照顧共益的受益人（二位兒子和陳媽媽），但委託人陳伯伯在有生之年仍保留股票的運用決定權

時期	信託財產	信託規劃	信託規劃內容與目的
生前	不動產	不動產信託	陳伯伯將不動產交付信託，約定受益人（二位兒子）有居住權但無處分權 這樣的設計是為了避免不動產遭到無權處分
身後	保險金	保險金信託	陳伯伯訂定保險金信託，事先約定未來身故後的保險金直接交付信託，確保保險金能夠用在照顧受益人（小寶）的生活。
	遺產	遺囑信託	透過遺囑結合信託的規劃，確保繼承人使用遺產的時點及條件，同時可延伸立遺囑人的財產管理意志。

您知道嗎？

公司股票中所蘊含的股權，依據內容與行使目的，可以將股權區分為自益權與共益權，所謂的自益權是指股東專為自己利益而行使的權利，主要包括股票發給請求權、股份轉讓過戶請求權、股息和紅利的分配請求權以及公司剩餘財產分配請求權等；至於共益權則是指股東以參與公司經營為目的的權利，包含表決權、代表訴訟提起權、股東會或董事會決議無效確認請求權等。

透過股權性質的區別，可以讓股份持有者確認本身確保真正想保障的權利為何，也關係著他如何參與公司的經營。對於家族企業之原股權擁有者而言，心中所期待的，大多是希望避免創業家整體家族所擁有的股權因為世代交替而產生分散或稀釋狀況，從而降低該家族在公司的影響力；其次，也希望讓所有後代子孫的經濟利益能獲得公平分配（無論是否參與企業

經營），不要有所偏頗。但是，二者如何兼顧，一直是家業傳承中的重要課題。

這幾年來，日本也同樣面臨企業接班傳承的危機。日本總務省在 2016 年統計日本的企業總家數約 359 萬家，其中家族企業居然占了 358 萬家，這樣的大幅比例頗令人吃驚。此外，讓人擔憂的是，因為企業後繼無人導致的解散或停業潮陸續激增。而在《2020 年中小企業白皮書》中也提到，因為傳承停滯所導致的解散或停業狀態，預估在 2025 年時會影響 655 餘萬員工，整體 GDP 也將因此流失約 22 兆日圓，這也是無法忽視的危機。對此，日本政府與民間機構同樣想方設法謀求解決之道，而信託便成為重要的選項之一。

日本實務上所採用的「**遺囑代用信託**」是參考美國的「生前可撤銷信託」（revocable living trust）所創設，二種信託都是委託人在生前設立並生效的信託，而且受益人同樣都是在委託人死亡後才取得實際

且確定的利益。換言之，委託人在生前將自己的財產信託給受託人，並約定在委託人生存期間，由委託人同時擔任受益人，但在委託人死後，則由委託人事前指定之其他人（例如子女、配偶）成為受益人，以達成分配死亡後財產之目的。觀察日本信託法第 90 條第 1 項的規定，規定中其實包含了二種類型：其中一種是「約定於委託人死亡時，被指定為受益人之人取得受益權之信託」（第 1 款）；另外一種則是「約定於委託人死亡時以後，受益人得自信託財產獲得給付之信託」（第 2 款），但是無論適用何款，委託人均享有變更受益人的權利。總而言之，遺囑代用信託透過信託方式補強了遺囑無法達成的效益，也是結合自益與他益的信託類型。

這種信託模式對於家業傳承有何幫助？如果依循這種信託的設計模式，在信託成立時，由企業的擁有者（同時也是經營者）擔任委託人與受益人，同時仍為享有企業指示權之人，將信託財產也就是自家公司

的股票交付給受託人，並約定在委託人的指示下，受託人可行使表決權。當委託人身故時，行使表決權的指示權限則由委託人原先所指定之第二順位受益人享有，此時就會讓信託從自益性質轉變為他益性質。

也就是說，藉由遺囑代用信託方式使股權所表彰的表決權（及指示權）順利轉移，也讓股權能夠確實為企業主所預先選定之人擁有，將可降低家業傳承過程中的衝擊，使其更加順暢。再者，由於股東權利的表決權與受益權可以區分，因此能夠體現股東的想法與權益，如果能夠靈活繼承，也可為未來的發展做好準備。換言之，提前透過信託的設立，在意外繼承（例如陳伯伯擔心若因心臟病突發而死亡）或失智的情況下，繼承人也能夠順利接班。此外，通過設立信託，可以指定未來的繼承人，使股份可以收回，從而避免股份分散到不利於公司經營管理的人手中。

　　陳伯伯在閱讀黃經理提案的同時，辦公室的門口也傳來敲門聲，「啊！對了，今天我也邀了我們公司的獨立董事李教授一起來聊聊，希望集思廣益一下。」陳伯伯一面說，一面起身引薦彼此認識。

　　黃經理與李董事坐定後，李董事說道：「因為是老朋友了，所以說話就不拐彎抹角啦。陳董事長其實幾年前就有接班佈局的想法，但是一方面擔心年輕一輩業務接不起來，二方面又覺得自己應該沒有老化的可能，所以一拖再拖，好幾年就過去囉。」陳伯伯有點不好意思，尷尬地笑了笑「唉呀，李教授其實很早以前就一直叮嚀我，只是…每天忙下來，這些根本性的問題，就都擱到一邊去了，現在想想，這反

而是最根本而且最重要的結構性問題，否則還講甚麼基業長青，都是一場空。」

　　黃經理接話：「陳伯伯，其實像您這樣的情形不在少數，現在規劃還來得及，還好有李教授的協助，我想，應該會很順利的。我們可以考慮閉鎖性股份有限公司的制度，再結合信託的應用。」李董事也點了點頭，表示肯定。

　　台灣目前常見的家族傳承控股工具，有家族控股公司、財團法人（一般常見的基金會）及閉鎖性股份有限公司等，最近幾年「家族信託」受到重視；其中，家族信託因為法制環境與國外不同，因此國外常見的永續傳承功能沒有辦法直接套用於台灣，因此如何在現行的法制之下，也能夠達到國外永續傳承功能的家族信託架構，便成為家族企業與信託業者的當務之急。目前比較為可行的方式，是善用公司法上閉鎖

性股份有限公司的特性與信託進行結合，來辦理家族信託。

　　公司法在 2015 年引進「閉鎖性公司」制度，起初是為了協助新創公司的發展，因此設有股份轉讓與股東人數的限制，使閉鎖性公司具有高度的人合色彩，在此種公司中的股東彼此間的關係會更加緊密；除此之外，閉鎖性公司也具備不能公開發行以及股份轉讓限制等特點，所以除了能夠滿足科技新創事業的需求外，也可以作為家族企業用來規劃家業傳承與確保經營權的機制。

　　閉鎖性股份有限公司在 2015 年引進公司法中，這類公司具有以下的特點：

❷ 原則上不公開發行

　　因為閉鎖性公司具有「閉鎖」的特質，因此公司法第 356 條之 4 第 1 項明文規定，公司不得公開發行或募集有價證券，這也就是「閉鎖」的意思。但如

果是經由證券主管機關許可的證券商經營股權群眾募資平台募資者，就可以成為閉鎖的例外。

❷ 得以章程限制股份轉讓

一般公司的股份可以自由轉讓，但是閉鎖性公司為了維持閉鎖性，有必要限制股份的轉讓，因此公司法第 356 條之 1 第 1 項及第 356 條之 5 第 1 項便規定，公司應該以章程載明股份轉讓的限制。

同時，這家公司是否屬於閉鎖性公司，必須讓外人知道，所以公司法第 356 條之 2 及第 356 條之 5 第 2 項便規定，公司應於章程載明閉鎖性的屬性，並由中央主管機關公開於資訊網站。如果公司有發行股票，該公司的股份轉讓限制應該在股票以明顯的文字註記；如果公司沒有發行股票，股票的讓與人應該在交付受讓人的相關書面文件中載明。因為這些特性使然，所以在進行家業傳承時，可以在閉鎖性股份有限公司的章程中加以載明，限制只有家族成員才能取得股權。

➊ 發行特別股

公司法第 356 條之 7 規定：「公司發行特別股時，應就下列各款於章程中定之：一、特別股分派股息及紅利之順序、定額或定率。二、特別股分派公司賸餘財產之順序、定額或定率。三、特別股之股東行使表決權之順序、限制、無表決權、複數表決權或對於特定事項之否決權。四、特別股股東被選舉為董事、監察人之禁止或限制，或當選一定名額之權利。五、特別股轉換成普通股之轉換股數、方法或轉換公式。六、特別股轉讓之限制。七、特別股權利、義務之其他事項。第一百五十七條第二項規定，於前項第三款複數表決權特別股股東不適用之。」

日本一直是家族事業傳承的典範國家，為人津津樂道的還有知名的「法師溫泉旅館」，這間旅館在西元 718 年開業，與山梨縣的慶雲館及兵庫縣的城崎溫泉，並列「世界三老旅館」。

因為高僧泰澄大師在此地挖到溫泉，因此營建旅館，至今已傳到第 46 代，家族的繼承遵循著嚴格的規定，每一代僅限一人擁有所有權與管理權，其他的兄弟姊妹則通過婚姻離開家族，強調單一繼承。法師溫泉旅館並未將所經營的事業全然企業化或股權化，所在意的不是**家業的規模**，而是**家業的壽命**，並且將這個家族品牌視為家族的特殊資產，代代綿延。

在台灣也有用心於傳承的案例，例如林耀英家族透過設立新的閉鎖性股份有限公司——茂鈺公司，讓家族公司成員將持有的大立光股票移轉到茂鈺公司，變成茂鈺公司投資大立光公司，持有大立光股票，在閉鎖性股份有限公司茂鈺公司的章程並限制茂鈺公司股份的轉讓，所有股東非經公司同意，不得出售手上持有的茂鈺股權，目的在鞏固林氏家族在大立光的經營權。

　　簡單來說，閉鎖性公司可以發行「複數表決權」或「**對於特定事項之否決權**」的特別股（也就是一般所稱的「黃金股」），也可以發行「限制當選董、監席次 —— 只投資不參與經營」及「保障當選董事席次 —— 可確保參與經營」的特別股。由於閉鎖性股份有限公司具有高度的人合色彩（也就是注重股東身分）的特點，實務上常成為家族企業用來規劃家業傳承以及確保經營權的機制，例如設立閉鎖性股份有限公司控股家族企業，並於章程載明股份原則上不得出售或不得轉讓其股份給非家族成員等限制；或利用閉鎖性股份有限公司特別股的設計，確保接班人能夠順利就任，並且能夠讓家族繼續掌經營權等。

　　「喔。今天真是開了眼界，原來還有這些制度可以運用。」陳伯伯撓了撓腦袋，喝了一口熱茶，說道：「先前我太太希望為小兒子設立身心障礙的安養信託，之後我自己也為未來的老年

生活作了安養信託的安排，原本覺得該安排的事情都已經安排得很妥當了。偏偏身體突然出現緊急狀況，加上公司的運作關係到所有員工家庭還有股東的未來，讓我這幾天憂心忡忡。還好，聽起來還有解套的方式。」

「董事長請寬心，我們都支持您，如果確定方向，我想我們的執行也會非常確實的。」一直在旁邊沒有發言的法務室劉主任說話了，他是陳伯伯的老戰友，進入公司已有二十三年。「也請教李董，因為您是這方面的專家，如果要成立這種閉鎖性公司，又要達成家業傳承的理想，在整體結構設計上，應該注意哪些事情呢？」

李教授坐直了身軀，說道：「我認為事情必須看全局，建議未來我們必須有一個接班佈局

的任務小組，當中要邀請不同專業的外部專家
與內部同仁參加，做好評估後，再依據擬定的
步驟進行。因為，我認為傳家不是只有傳業，
更重要的還要傳心傳德。」「說得太好了！傳心
又傳德，說到我心坎裡去了！」陳伯伯語音有
些激動，眼睛不自覺地看向牆上的二個大字「利
他」。「不能將好的企業文化傳下去，家業傳得
再成功，對社會也沒甚麼幫助。不好意思，打
斷李董的話了，您請繼續說。」

　李教授笑了笑，向著陳伯伯說道：「很高興
聽到您的心裡話，這樣，我們的傳承規劃才會
有意義。」轉身向劉主任道：「我的建議分成三
個面向，提供您思考與規劃。」

面向一：公司章程條款的設計

企業主設立閉鎖性股份有限公司時，可以在章程中有如下的設計：

章程條款設計	設計目的與效益
控制權保留條款	可以在章程中載明企業主擁有對閉鎖性股份有限公司的絕對控制權，並且同時訂明傳承機制啟動的條件。 透過這樣的設計，能夠避免股權稀釋，導致公司經營決策渙散，或公司的發展方向無法形成共識
表決權限制條款	常見的方式如設定「表決權約束協議」，指定特定繼承人行使股東表決權時的占比權重；或透過發行「具複數表決權」及「具特定事項否決權」的特別股，讓家族的繼承人擁有多數的表決權。 企業主可透過特別股的安排，將董事會權力高度集中在特定的股東（接班人）身上，並搭配股東表決權契約或表決權信託的設計，強化接班人之權力。

章程條款設計	設計目的與效益
表決權限制條款	實務操作上，也會徵詢企業主關於接班人人選的選擇，是偏重「傳子」或「傳賢」。如果偏重傳子，一般會著重在章程中增加接班人的權利，例如在章程規劃有利未來接班人擔任閉鎖性股份有限公司董事長的選舉方式、明訂接班人有複數表決權或特定事項否決權（特別股/黃金股）等特殊權利，同時也會提高閉鎖性股份有限公司對於特定事項變更的門檻等；另外，如果偏重傳賢，則著重於經營權與所有權的分離設計、高階經理人的遴選與組成方式，以及家族企業治理方式與經理人的權利保障等。
股份轉讓限制條款	在章程中可以規定，除法令強制規定或符合一定條件外，不得轉讓其股份給家族成員以外的人。 如無法完全限制時，可訂定股東轉讓股份時，必須取得其他股東全部或一定比例的同意才可以轉讓。 設計目的是在於避免股權過於分散，或有心人士透過外部人士的連結，破壞家族企業的和諧
強制執行的通知義務條款	公司法第 111 條第 4 項規定：「法院依強制執行程序，將股東之出資轉讓於他人時，應通知公司及其他股東，於二十日內，依第一項或第二項之方式，指定受讓人；逾期未指定或指定之受讓人不依同一條件受讓時，視為同意轉讓，並同意修改章程有關股東及其出資額事項。」

章程條款設計	設計目的與效益
強制執行的通知義務條款	因此，在章程設計上可以參考這類思維，要求股東如果受到強制執行程序時，應事先通知公司及其他全體股東。 這樣的設計也是為了避免股東的出資轉讓給他人，導致股權的稀釋與分散
重要事項變更條款	公司法第 356 條之 7 第 1 項第 3 款規定：「公司發行特別股時，應就下列各款於章程中定之：三、特別股之股東行使表決權之順序、限制、無表決權、複數表決權或對於特定事項之否決權。」 為使家業傳承更加順暢，公司可以發行「可否決特定事項權利」的特別股，或者可以在章程中訂定對於特定事項（例如變更公司名稱、變更公司所營事業、讓與特定營業或財產等重要事項），必須徵得特別股股東的同意，才能通過。

面向二：閉鎖性公司結合信託的設計

「原來如此。想一想有些慚愧，以前創業時因為沒有經驗，所以我父親隨便找了其他公司的設立章程抄一抄，就成立了這間公司。但是在我接手後，也一直沒有重視章程的內容，想說過得去就好，現在真的不能這樣做了，未來設立的新公司可要認真一點了。」陳伯伯認真的神情，讓在座的所有人都覺得振奮起來。

「李董，謝謝您這位老朋友，今天給了我很多啟發，感恩！。」陳伯伯緊握著李教授的手，並說道：「我會請劉主任依您的建議，安排任務小組以及閉鎖性公司的設立事宜。」李教授點點頭，說道：「不過，只有設立閉鎖性公司可能還不夠，我更建議要把信託和閉鎖性公司結合起來，方才黃經理也提到了這一點。」

　　目前在企業集團中另外設立閉鎖性股份有限公司的案例不少，但是和信託結合的並不多；二者要如何結合？能夠發揮哪些效益呢？李教授的建議如下：

　　陳董事長（企業主）可以將想要傳承的資產（通常是家族企業的股票），出資設立一個閉鎖性股份有限公司，並以閉鎖性股份有限公司作為家族企業公司的控股公司，此時家族企業公司便成為閉鎖性股份有限公司的子公司。也因為這樣的設計，陳董事長（企業主）可以成為閉鎖性股份有限公司的主要股東，而閉鎖性股份有限公司也成為家族企業子公司的控股股東。

　　閉鎖性股份有限公司再將其所持有的家族企業子公司股票交付受託人，設定以該公司作為委託人與受益人的自益信託，並由陳董事長（企業主）選任適合人選擔任信託監察人。考量家族企業的賡續發展，針對信託監察人部份，可以在信託契約中約定如果信託想要提前終止或變更，或者財產管理方式想要改變，

必須取得信託監察人的同意。

受託人因為持有閉鎖性公司的股票，因此成為家族企業子公司的控股股東，閉鎖性股份有限公司則依法享有信託受益權。在信託契約的設計上，可規劃「受託人必須依閉鎖性股份有限公司的指示」或「受託人可在信託契約所約定的範圍內自行裁量」等不同方式，作為執行家族企業子公司相關管理事項的選擇。

陳董事長（企業主）可就閉鎖性股份有限公司的運作，安排投資委員會（Investment Committees）以及分配委員會（Distribution Committees）等組織輔佐董事會（Board of Directors）處理閉鎖性股份有限公司所需要的內部決策及運作事宜，並訂明於章程之中。

陳董事長（企業主）除了可以在閉鎖性股份有限公司設置監察人，負責公司業務執行的監督外，也可同時聘請獨立外部顧問，負責審查閉鎖性股份有限公

司的投資管理及分配決策；無論是以專責內部單位或顧問，協助了解閉鎖性股份有限公司及受託機構之間的財務運用及信託事務的執行，並作為閉鎖性股份有限公司董事會、受託人與家族成員彼此間的溝通渠道，反映家族成員真實需求，都有必要。

家族企業的成員如何參與公司的經營？家族成員可以透過擔任閉鎖性公司董事、相關功能性委員會的委員或以公司經理人身分來參與家族事業的管理。陳董事長（企業主）也可從中了解家族成員對於企業經營的熟捻與興趣，進而規劃未來接班人選與時程。

另外，閉鎖性股份有限公司分派股息及紅利的順序與比例，建議由閉鎖性股份有限公司的分配委員會提出建議後，由股東會以多數決方式決定，並載明於公司章程。

陳董事長（企業主）可以透過生前贈與或由特定親屬參與出資的方式，將閉鎖性股份有限公司的股份

（可以為分派盈餘較多，但無股東表決權的特別股）交由特定親屬取得，並透過特別股分派股息紅利的方式照顧特定親屬。

陳董事長（企業主）將來身故時，依民法規定必須辦理繼承，陳董事長（企業主）依民法第 1187 條的規定，在不違反特留分規定的範圍內，可以遺囑自由分配遺產；因此在不侵害特留分的前提下，可使繼承人依法繼承閉鎖性股份有限公司的股權。

如果因為家族成員的人數眾多，導致閉鎖性股份有限公司股東人數超過公司法所規定的五十人上限時，可另外成立股權信託，由家族繼承人自己擔任委託人與受益人，將股權交付信託，並以受託人為閉鎖性股份有限公司的股東以符合人數的限制；此外，也可以設立一個公司，由公司擔任閉鎖性股份有限公司的股東。

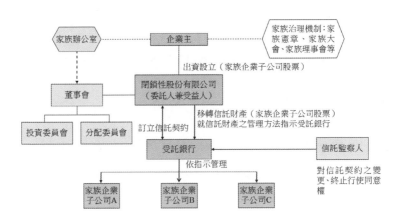

　　將閉鎖性股份有限公司與信託加以結合規劃家族信託，實務上常見的問題在於，部分企業主基於成本考量，認為只要設立閉鎖性股份有限公司控制家族持股便已足夠，不需要再交付信託，真的是這樣嗎？其實，成立閉鎖性公司後再結合信託，仍有其必要性，因為：

🅰 可以防止閉鎖性股份有限公司資產被不當侵占

　　理由很簡單，因為家族企業設立閉鎖性股份有限公司作為家業傳承與管理資產的機制，固然合宜；但是財產仍由家族自行保管，在家族進行傳承後，因為

缺乏外部的監督，難保未來的當權者不會將資產加以挪用。

● 可以監督董事會指示的合法性及程序正當性

搭配信託時，受託人也是家族企業子公司股票的形式所有權人，閉鎖性股份有限公司可以依據董事會的決議指示受託人參與家族企業子公司的決策或經營；但在此同時，受託人也可以監督董事會的指示是否具備合法性，以及相關的程序是否符合正當性，如果有不法或瑕疵，可以拒絕執行，以確保家業傳承的順利。

面向三：公司內部組織的設計

● 董事會

如同所有公司組織，閉鎖性股份有限公司的董事會是負責公司總體營運、內部各委員會成員組成及選任、公司內部規範或程序的擬訂與稽核等事項的主要

內部組織。因此，董事會的組成，除了家族成員以外，也可以邀請非家族成員（例如受家族信賴的顧問或專業經理人及律師、會計師等其他專業人士）來擔任，廣徵跨領域的建議，有助於作成決策。除此之外，企業主也可以透過閉鎖性股份有限公司的章程規劃董事人選或擬訂適任者的資格條件，或由閉鎖性股份有限公司最初的董事會成員擁有指派未來董事會成員的權限，以確保進入董事會成員的素質與熱忱。

功能委員會

除了董事會之外，近年來「公司治理」的觀念越來越受到重視，「功能性委員會」（例如薪酬委員會、審計委員會或提名委員會等）的組織重要性也越來越明顯。

但是，關於家業傳承的設計上，需要有更多的考量與思維。以美國的家族信託架構為例，一般常見者有投資委員會（Investment Committee）、分配委員會（Distribution Committee）等內部委員會的規劃。

所謂投資委員會多半由家族成員、專業投資顧問或經理人等專業人士所組成，通常由委託人或其他有權限之人指派擔任，其職責在於指揮受託人就信託標的進行投資、決定家族資產的配置或擬定投資策略，並定期向委託人或受益人報告信託標的即家族財產之經營狀況，也提供受託人相關之專業資訊及適當建議。

③ 家族治理生態系

無論家族企業所重視的是規模的擴張，或是存續的時間，或者甚至二者皆是，都必須有全面的規劃。未來也建議，有家業傳承需求的長者應考量進行全生態系的規劃。除了讓家族成員成立「家族理事會」，針對家族與企業重大事項進行決議外，也可制定「家族憲章」。

家族憲章不一定具備法律效力，但卻是家族所有成員精神的總依歸，也是初代創業者的初衷與心願，更是後代子孫必須思索且遵行的智慧。而家族企業生態系中自然也有「家族企（事）業」，如何有序地推

進事業的發展，並讓家族成員各安其位，便是「家族辦公室」（family office）的重要任務。在規劃家族辦公室的構想上，如果能從企業治理、家族治理、資產配置（含稅務規劃）、教育公益、家族信託（與私人銀行服務）以及接班計畫等多面向著手，對於家業傳承的任務更有保障；但是，這樣的服務內容必須仰賴多元（甚至是多國籍）的跨領域人才，才能更加順暢。

簡言之，家族信託的成立可說是家族治理中不可或缺的一環，除了可以配合家族辦公室進行良好運作外，也可透過家族憲章之設計結合信託的彈性滿足家族內不同的需求；從家族治理上而言，因為家族信託的客製化設計，可以妥善因應目前家族成員的財富管理需求，更能兼顧跨世代家業傳承的考量。總體而言，家族信託具備財富保護功能、稅收規劃功能、財富傳承功能、社會公益功能以及家族治理功能，值得所有企業家重視。

　　為使實務運作有更多選擇，而且更能貼近家業傳
承的需求，中華民國信託業商業同業公會也提出「企
業傳承家族信託評估系統」，當中的四種模式，有助
於各企業主不同程度的家族信託需求，進行規劃與應
用：

模式類型	委託人	受益人	運作架構
簡易模式	企業主	企業主及指定繼承人	以企業主持有的家族企業股票成立股權信託。
普通模式	閉鎖性公司	閉鎖性公司	企業主出資設立閉鎖性公司，將所持有的家族企業公司股票交付信託業，設立家族信託管理家族企業公司。信託業依閉鎖性公司的指示，執行家族資產、家族企業公司相關的經營管理事項；企業主可於閉鎖性公司建置投資委員會、分配委員會輔佐閉鎖性公司內部決策及運作事宜。

模式類型	委託人	受益人	運作架構
複雜模式	閉鎖性公司	閉鎖性公司	延伸普通模式，由金融機構協助委託人規劃家族治理，例如：制訂家族憲章、建立家族大會、家族理事會等。
完整模式	閉鎖性公司	閉鎖性公司	延伸複雜模式，再建置家族辦公室，由財務顧問、律師、註冊會計師、投資經理人等組成的專業顧問團隊，負責向家族成員提供諮詢服務。

傳承不忘公益

　　隔天上午，陳伯伯伉儷與二個兒子、張伯伯伉儷、李教授伉儷與王媽媽及吳媽媽在台北火車站會合，準備搭車前往花東，這是他們從十年前開始，每個月持續不間斷參與的義工活動。透過陪伴，讓許多因為父母不在身邊的孩

子感受到溫暖，並且藉由每次的伴讀，讓這些孩子們的學習不致於中斷。

　　傍晚時，幾家人散步到山丘上，微風徐徐吹來，令人心神暢快。小寶忽然唱起歌來，仔細一聽，是老師教他的一首新歌，樂音乘著風傳到每個人的耳畔。張伯伯、李教授與陳伯伯三人並肩坐著，望向遠山與藍天，陳伯伯說道：「有時候，以為忙碌就是充實的代名詞，成就就是生活的意義，但是，最近真的在心境上有很多的轉變。」看著二個兒子在旁邊奔跑玩耍，慈父之情溢於言表：「我們幫小寶規劃了身心障礙的安養信託，也幫我們自己規劃了安養信託，這都是託了信託之福。這次心臟的問題，讓我重新檢討家業傳承的重要性，居然信託又幫了我一個大忙，真的覺得很感動。要特

別謝謝黃經理還有我們的李董。」陳伯伯激動地拍了拍李教授的肩膀，心中充滿感恩。

「我想，不只是你，我也覺得信託真的很重要。每次走訪台灣各個角落，除了大夥兒一起做義工回饋社會之外，我覺得在有生之年，應該透過信託來保存台灣的文化資產，讓這些文化 DNA 不要在我們這一代手中遺失。」張伯伯拿出手機，得意地讓二位老友看看手機裡的公益信託契約：「我不是只有說說而已唷。我已經成立公益信託了！」

李教授把二杯高山茶遞給二位老友，說道：「信託很特別，在國外的運用非常廣泛，台灣未來也會更認識這個制度。張先生雖然退休了，但是仍然擔任公司的顧問，或許您可以建

議公司高層考慮設立員工福利信託，可以透過成立信託的方式，協助員工累積個人財富，也能幫公司留住人才並且提升對於企業的向心力。」張伯伯趕快拿出手機紀錄，李教授說道：「不急不急，現在網路上的資訊很豐富，很容易查得到。」接著轉向陳伯伯：「董事長，我也想要提醒您的是，在規劃家業傳承時，不要忘了公益的實踐。真正的優質企業，一定懷有一個重要的心志，那就是您辦公室裡的那二個字『利他』，不是嗎？」

　　陳伯伯堅定地說道：「我會的，一定會的。」耳邊歡笑的聲音不斷，一群人漫步下山，心中都是暖暖的。

您知道嗎？

　　周末時如果前往北投，不難發現這個在我們記憶中縈繞的景點，近年來已經悄悄地產生改變，並且生氣勃勃。除了因為溫泉蒸氣所產生的裊裊煙霧令人神往外，當地的圖書館及博物館也向來訪者嶄露了新姿態。其中，新北投車站的重建，格外引人注目。

　　日治時期為了發展北投當地溫泉觀光產業，興建了新北投支線，並在 1916 年時啟用，原名為「新北投承降所」之後並更名為「新北投驛」的新北投車站，也隨之問世，它不僅是北淡線僅存的百年車站，更是重要的文化資產與記憶。1988 年因為列車停駛，新北投車站被保存在彰化的台灣民俗村，作客他鄉三十多年後，終於在 2014 年回到了新北投。這段期間，除了必須感謝有心人士的奔走與推動外，公益信託也發揮了重要的角色。2004 年「公益信託台北市古蹟保存與發展基金」正式啟動，是台灣第一件文

化公益信託，由八頭里仁協會運用公益信託模式，推動新北投車站的風華再現。

所謂的公益信託，是以慈善、文化、學術、技藝、宗教、祭祀或其他以公共利益為目的之信託，公眾均可因認同信託所欲達成的公共利益，而加入成為委託人，而受益人則是公共利益所及的全體國民。在「公益信託台北市古蹟保存與發展基金」這個案例中，民眾可透過捐款或申辦「台北好玩卡－北投古蹟專案」信用卡進行捐款成為委託人，而持卡人每筆消費金額中將提撥千分之 3.5 作為公益信託基金，並由永豐商業銀行擔任信託受託人。2013 年財團法人上善人文基金會接受委託，擔任古蹟公益信託的受託人，協助推廣公民參與古蹟活化與再利用的特性。在 2014 年迎回新北投車站後，台北市文化局與文化基金會接續維護與推廣工作，這筆公益信託也功成身退，但已然喚醒了公民的文化意識，保存了重要的國家文化記憶，也為公、私部門協力作了極佳示範。

　　英國國民信託（The National Trust）結合國會通過設立的文化資產樂透基金（Heritage Lottery Found）、大樂透基金（Big Lottery Found）、全國文化資產紀念基金（National Heritage Memorial Fund），以英國樂透彩券盈餘挹注國民信託資金，並開放餐飲、旅館、渡假別墅等再利用消費之商業項目，以確保資金來源。此外，繪本作家碧雅翠絲・波特（Beatrix Potter），也是一位卓越的自然保育者，其所繪製的英國鄉間風景插圖總是引人入勝。為了避免過度開發並維持環境生態，波特小姐以彼得兔系列作品的收入購買湖區的農場與土地，並在她去世後將 14 座農場與超過 4,000 英畝的土地捐贈給英國國民信託，永久保存湖區豐富多樣的自然風光與田園景致，也突顯公益信託的美善力量。日本在公益信託的發展上，也有數十年的發展經驗，其中最令人津津樂道的便是知名導演宮崎駿所發起成立的龍貓國民信託基金，透過國民信託的方式向大眾募款，陸續買下數座森林，成功地留下了所有人對於龍貓森林的想像，也

保存了雋永的文化記憶。

「文化自信」來自於文化的生命力，而文化記憶更是組成文化生命力的重要元素，更是國家民族文化傳承的重要條件。這些文化記憶迴盪在有形與無形的文化資產與生活空間中，值得我們繼續把故事説下去，把歌唱下去。影像可以記錄當下，善用公益信託，可以實現不同的公共利益，也能夠保存好幾代人共有的美好回憶。

對於企業家而言，除了透過妥善的家族財富傳承規劃，讓家庭成員得到良好照顧，企業能夠維繫運作外，如果同時能夠持續實踐公益，更是社會責任的實踐。

國家圖書館出版品預行編目(CIP)資料

信託敲敲門：樂齡理財，人生更精彩/李智仁著. -- 初版.
-- 臺北市：暖暖書屋文化事業股份有限公司, 2022.06
面；　公分
ISBN 978-626-96105-1-8　（平裝）
1.信託法規

587.83　　　　　　　　　　　　　　　111007105

信託敲敲門
樂齡理財，人生更精彩

作者	李智仁
總編輯	龐君豪
責任編輯	林振煌
插圖	劉佳瑜
版面設計	菩薩蠻數位文化有限公司
封面設計	菩薩蠻數位文化有限公司

發行人　　曾大福
出版　　　暖暖書屋文化事業股份有限公司
發行　　　暖暖書屋文化事業股份有限公司
　　　　　地址　台北市大安區青田街5巷13號
　　　　　電話　886-2-2391-6380
　　　　　傳真　886-2-2391-1186
出版日期　2022 年 06 月（初版一刷）
定價　　　380 元

總經銷　　聯合發行股份有限公司
　　　　　地址　231 新北市新店區寶僑路 235 巷 6 弄 6 號 2 樓
　　　　　電話　02-2917-8022
　　　　　傳真　02-2915-8614
印製　　　成陽印刷股份有限公司